"十三五"深圳市装配式建筑发展报告

Development Report of Shenzhen Building Industrialization during the 13th Five-year Plan

指导单位　深圳市住房和建设局
主编单位　深圳市建筑产业化协会

中国建筑工业出版社

编制单位：深圳市建筑产业化协会
指导单位：深圳市住房和建设局
主编单位：深圳市建筑产业化协会

编 委 会 主 任：陆荣秀
编委会副主任：付灿华　饶少华　龙玉峰

参编人员：邓文敏　覃　轲　唐振忠　江国智　徐松林
　　　　　　赵晓龙　周晓璐　黄青青　佘　锟　张哲铭
　　　　　　李　昱　刘向前　祝元杰　朱　亮　焦　杨

参编单位：深圳市建设科技促进中心
　　　　　　深圳市万科城市建设管理有限公司
　　　　　　深圳市人才安居集团有限公司
　　　　　　深圳市华阳国际工程设计股份有限公司

鸣谢单位：福田区住房和建设局、罗湖区住房和建设局、盐田区住房和建设局、
　　　　　　南山区住房和建设局、宝安区住房和建设局、龙岗区住房和建设局、
　　　　　　龙华区住房和建设局、坪山区住房和建设局、光明区住房和建设局、
　　　　　　大鹏新区住房和建设局、前海深港现代服务业合作区管理局、
　　　　　　深汕特别合作区住房建设和水务局

前　言

深圳，因改革而生，因开放而兴。

40年改革开放先锋之城，以先行试点、披荆斩棘的勇气，创造了世界城市发展史上的奇迹、探索了城市建设的崭新道路。40年后，改革开放再出发，以习近平总书记在深圳经济特区建立40周年庆祝大会上的讲话精神为遵循，深圳持续发扬闯的精神、创的劲头、干的作风，努力建设好"中国特色社会主义先行示范区"，积极作为深入推进"粤港澳大湾区"建设，在新时代大潮中紧抓历史机遇、勇担历史使命，主动对标国际一流湾区城市，创建社会主义现代化强国的城市范例，为全国提供先行先试的宝贵经验。

沧海横流，初心不变。建设行业作为我国国民经济中的支柱地位，是兴国之器、强国之基。近年来，在市委、市政府的高度重视下，深圳不断推进建设行业供给侧结构性改革，加快推进以装配式建筑为代表的新型建筑工业化高质量发展，在"双区驱动"新格局下，积极落实"高质量发展高地、可持续发展先锋、民生幸福标杆"的定位，对标最高最好最优最强，全面带动建设行业全产业链向绿色化、工业化、智慧化、国际化方向发展。

使命在前，先行示范。"十三五"规划期间，深圳新型建筑工业化在"两提两减"目标下，立足行业实际，通过政策引导、标准引领、规划先导、市场主导、协会推动、企业主动，逐步形成了独具特色的深圳模式，开创了全国领先的良好局面。从全国第一个"综合试点城市"迈向全国首批装配式建筑"示范城市"，在体制机制、技术标准、项目实践、产业发展、队伍建设等方面成果丰硕、创新引领,圆满完成示范城市三年关键期建设任务与《深圳市装配式建筑发展专项规划》目标要求,并向"粤港澳大湾区"乃至全国建设行业转型升级与高质量发展,持续输出可复制、可推广的"深圳经验"。

鉴于此,深圳市住房和建设局近年来持续委托深圳市建筑产业化协会开展装配式建筑年度发展情况研究,出具年度发展报告,聚焦装配式建筑发展的新环境、新机遇、新挑战、新发展、新变化。本报告在 2018、2019、2020 年年度报告的基础上,进一步总结"十三五"期间深圳装配式建筑发展实践与成果,通过"发展背景""发展历程""发展概述""经验成果"等章节,力争客观呈现深圳市以装配式建筑为代表的新型建筑工业化发展面貌,为深圳市"十四五"新型建筑工业化谋划发展提供参考依据。

本报告所涉及数据主要来源于深圳市住房和建设局官方网站、深圳市装配式建筑信息平台、企业座谈交流、行业问卷调查、实地走访调研等。编制过程中,得到了深圳市住房和建设局的全程指导,特别是高尔剑先生、薛峰女士、王宝玉先生、邓文敏先生对本书付出了大量心力,市建设科技促进中心、万科集团、万科城建、市人才安居等相关单位给予了大力协作,在此一并表示感谢。本报告仍然存在许多不足,希望业界同仁不吝赐教,积极反馈宝贵意见,以供持续修订、完善。

谨以此献礼伟大的中国共产党建党 100 周年。

目 录

第一章 发展背景 011
 一、国内发展情况 012
  （一）发展趋势 012
  （二）政策引领 012
  （三）示范建设 014
 二、广东省发展情况 015
  （一）发展趋势 015
  （二）政策法规 015
  （三）示范建设 017

第二章 深圳情况 019
 一、发展历程 020
  （一）起步摸索阶段（2002～2009年）...... 020
  （二）加速发展阶段（2009～2014年）...... 020
  （三）扩面提质阶段（2014年至今）...... 020
 二、发展目标 021
  （一）示范城市指标完成情况 022
  （二）专项规划指标完成情况 025
 三、总体情况 027
  （一）政策体系基本建成 027
  （二）标准体系逐步完善 027
  （三）项目建设全面铺开 027
  （四）产业配套日益成熟 028
  （五）人才队伍初具规模 028
  （六）行业管理规范迈进 028

第三章 政策法规 031
 一、政策措施稳步出台 032
  （一）条例立法 032
  （二）政策体系 032
 二、联动发挥政策实效 035
  （一）部门联动加强监督 035

　　　　　（二）市、区联席形成合力·· 036
　　　　　（三）各区助力创新发展···036

第四章　技术标准···043
　　　一、标准体系，持续覆盖完善··· 044
　　　二、评分规则，应用成效显著··· 045
　　　三、科研创新，引领技术发展··· 046
　　　四、造价定额，构建计价体系··· 050

第五章　项目建设···053
　　　一、规模突破，建设全面提速··· 054
　　　　　（一）项目建设稳步提升···054
　　　　　（二）项目类型不断扩面···055
　　　　　（三）市政工程持续发力···057
　　　二、质量新高，创优全国样本··· 058
　　　　　（一）打造鲁班工程··058
　　　　　（二）建设全国范例··059
　　　　　（三）上榜省级示范··059
　　　三、创新试点，引领行业发展··· 059
　　　　　（一）政府工程发挥先行示范··059
　　　　　（二）国内率先推行标准化设计···060
　　　　　（三）强化质量监督与过程服务···060
　　　　　（四）全面应用建筑信息模型··· 061
　　　　　（五）重点研发成果落地长圳··· 061
　　　　　（六）安居工程试点装配式装修···062
　　　　　（七）持续提升施工技术水平··062

第六章　产业发展···065
　　　一、示范引领，产业基地新格局··· 066
　　　　　（一）国家级产业基地持续孵化···066
　　　　　（二）省级产业基地位居全省第一··066
　　　　　（三）市级产业基地持续孵化晋升··067
　　　二、规模发展，产业链分布有序··· 067

　　　　　（一）开发建设类企业 ……………………………………… 067
　　　　　（二）设计类企业 ………………………………………… 069
　　　　　（三）施工类企业 ………………………………………… 072
　　　　　（四）生产类企业 ………………………………………… 074
　　　三、产能供应，市场供需两旺 …………………………………… 076
　　　　　（一）预制混凝土构件 …………………………………… 076
　　　　　（二）钢结构构件 ………………………………………… 077
　　　　　（三）铝合金模板 ………………………………………… 078
　　　　　（四）轻质墙板 …………………………………………… 079

第七章　队伍建设 ……………………………………………………… 081
　　　一、高端智库，构筑人才基石 …………………………………… 082
　　　　　（一）本土院士，领衔行业首席 ………………………… 082
　　　　　（二）领军人才，树立行业楷模 ………………………… 082
　　　　　（三）市库专家，持续扩充提升 ………………………… 083
　　　二、专业人才，形成长效机制 …………………………………… 084
　　　　　（一）专业技术职称孵化机制 …………………………… 084
　　　　　（二）技术人员常态培育机制 …………………………… 086
　　　三、发掘工匠，专项能力填白 …………………………………… 086
　　　　　（一）指导产业工人实训 ………………………………… 086
　　　　　（二）专项职业能力开发 ………………………………… 087
　　　　　（三）支持举办技能竞赛 ………………………………… 087
　　　四、公益活动，提升行业能力 …………………………………… 088
　　　　　（一）连续16年参展中国住博会 ………………………… 088
　　　　　（二）持续举办全行业示范观摩 ………………………… 088
　　　　　（三）建筑工业化国际高峰论坛 ………………………… 088
　　　　　（四）"12306"行业常态活动 …………………………… 089

第八章　行业自治 ……………………………………………………… 091
　　　一、联合宣言，助推高质量发展 ………………………………… 092
　　　二、行业公约，百家企业响应号召 ……………………………… 092
　　　三、信用管理，推动市场主体评分 ……………………………… 093
　　　四、星级评价，规范生产企业自律 ……………………………… 093
　　　五、评优评先，公益评选持续开展 ……………………………… 095

第九章　经验总结……………………………………………………………………097
　　一、循序渐进，坚持积极稳健的发展步调………………………………………098
　　二、市场主导，充分发挥企业的创新活力………………………………………098
　　三、因地制宜，率先构建全方位的评价体系……………………………………098
　　四、管理创新，率先探索适宜的建设管理模式…………………………………099
　　五、过程把控，率先建立关键节点把控的实施流程……………………………099
　　六、部门联动，率先探索政府协同的工作机制…………………………………099
　　七、人才导向，首创专业人才评价及多层次队伍培养机制……………………100
　　八、行业自治，首创多维度"补位"管理体系……………………………………100

第十章　综合效益………………………………………………………………………103
　　一、经济效益………………………………………………………………………104
　　　　（一）激发经济新增长点………………………………………………………104
　　　　（二）建设效益逐步呈现………………………………………………………105
　　二、环境效益………………………………………………………………………106
　　　　（一）资源节约实现可持续……………………………………………………106
　　　　（二）节能减排助推碳中和……………………………………………………107
　　三、社会效益………………………………………………………………………107
　　　　（一）提高工人职业荣誉感……………………………………………………107
　　　　（二）提升市民居住满意度……………………………………………………108
　　四、辐射效益………………………………………………………………………109
　　　　（一）政策复制，深圳模式引领湾区…………………………………………109
　　　　（二）标准输出，星级标准全国推广…………………………………………110
　　　　（三）产业带动，优质企业引领带动…………………………………………110
　　　　（四）人才辐射，专业力量全面输出…………………………………………111

结语………………………………………………………………………………………113

附录………………………………………………………………………………………117
　　附录1：深圳获批装配式建筑产业基地企业名单………………………………118
　　附录2：深圳获批装配式建筑范例、示范项目名单……………………………120
　　附录3："深圳特区40年，行业领军40人"——深圳装配式建筑
　　　　　　高质量发展领军人物…………………………………………………120
　　附录4：2020年深圳技能大赛——装配式建筑施工员、模具工竞赛
　　　　　　获奖名单……………………………………………………………………122

第一章　发展背景

大力发展装配式建筑，促进建筑产业转型升级，是推进建设行业供给侧结构性改革和新型城镇化发展的重要举措，是实现建设行业提高质量、提高效率、减少人工、节能减排的重要内容，是建设领域落实十九大精神与习近平总书记重要讲话指示的具体体现。2016 年 9 月，国务院办公厅重磅出台《关于大力发展装配式建筑的指导意见》（国办发〔2016〕71 号），提出以京津冀、长三角、珠三角三大城市群为重点推进地区，因地制宜发展装配式混凝土结构、钢结构和现代木结构等装配式建筑。"力争用 10 年左右的时间，使装配式建筑占新建建筑面积的比例达到 30%。"自此，在产业政策、标准规范、企业投入、项目支撑的共同推进之下，国内装配式建筑进入快速发展阶段。

一、国内发展情况

（一）发展趋势

2021 年 3 月 11 日，住房和城乡建设部标准定额司对全国装配式建筑发展情况进行了通报。根据《住房和城乡建设部标准定额司关于 2020 年度全国装配式建筑发展情况的通报》显示，2020 年全国 31 个省、自治区、直辖市和新疆生产建设兵团新开工装配式建筑共计 6.3 亿 m^2，较 2019 年增长 50%，占新建建筑面积的比例约为 20.5%，完成了《"十三五"装配式建筑行动方案》确定的到 2020 年达到 15% 以上的工作目标。

根据住房和城乡建设部数据显示，"十三五"期间，全国装配式建筑实施面积持续增长，累计实施装配式建筑面积达到 16.11 亿 m^2。

（二）政策引领

党的十九大明确提出高质量发展、绿色发展等理念，推动装配式建筑发展是实现建设行业结构优化、转变发展方式的重要抓手。"十三五"期间，中共中央办公厅、国务院办公厅、住房和城乡建设部等相关部委持续出台了一系列发展装配式建筑的相关政策，引导各地推进装配式建筑建设发展，营造了全面推进装配式建筑发展的政策环境氛围（表 1-1）。

表 1-1 "十三五"期间国家及相关部委出台装配式建筑政策清单

序号	时间	文件名称	发布单位	政策要点
1	2020年10月	《关于政府采购支持绿色建材促进建筑品质提升试点工作的通知》（财库〔2020〕31号）	财政部、住房和城乡建设部	积极应用装配式建筑、智能化等新型建筑工业化建造方式
2	2020年9月	《关于扩大战略性新兴产业投资培育壮大新增长点增长极的指导意见》（发改高技〔2020〕1409号）	国家发展改革委、科技部、工信部、财政部	积极推行绿色建造，加快推动智能建造与建筑工业化协同发展
3	2020年8月	《关于加快新型建筑工业化发展的若干意见》（建标规〔2020〕8号）	住房和城乡建设部、教育部、科技部等9部委	全面贯彻新发展理念，推动城乡建设绿色发展和高质量发展，以新型建筑工业化带动建筑业全面转型升级
4	2020年7月	《关于推动智能建造与建筑工业化协同发展的指导意见》（建市〔2020〕60号）	住房和城乡建设部、国家发展改革委、科技部等13部委	以大力发展建筑工业化为载体，以数字化、智能化升级为动力，创新突破相关核心技术，加大智能建造在工程建设各环节应用
5	2020年7月	《关于印发绿色建筑创建行动方案的通知》（建标〔2020〕65号）	住房和城乡建设部、国家发展改革委、教育部、工信部等7部委	大力发展钢结构等装配式建筑，新建公共建筑原则上采用钢结构
6	2020年2月	《关于发布智能制造工程技术人员等职业信息的通知》（人社厅发〔2020〕17号）	人力资源和社会保障部、国家市场监管总局、国家统计局	发布新职业："装配式建筑施工员"，进一步提升装配式建筑社会认同度
7	2019年9月	《关于完善质量保障体系提升建筑工程品质的指导意见》	住房和城乡建设部	装配式建筑作为绿色发展的重要举措，提出大力发展装配式建筑，推进绿色施工
8	2019年3月	《绿色产业指导目录（2019年版）》（发改环资〔2019〕293号）	国家发展改革委、住房和城乡建设部、工信部等7部委	将装配式建筑相关内容纳入，支持各地大力发展装配式建筑，推动绿色发展

续表

序号	时间	文件名称	发布单位	政策要点
9	2017年3月	《"十三五"装配式建筑行动方案》《装配式建筑示范城市管理方法》《装配式建筑产业基地管理方法》（建科〔2017〕77号）	住房和城乡建设部	到2020年，全国装配式建筑占新建建筑的比例达到15%以上，其中重点推进地区达到20%以上，积极推进地区达到15%以上，鼓励推进地区达到10%以上
10	2017年2月	《关于促进建筑业持续健康发展的意见》（国办发〔2017〕19号）	国务院	进一步深化建筑业"放管服"改革，加快产业升级，促进建筑业持续健康发展，为新型城镇化提供支撑
11	2016年9月	《关于大力发展装配式建筑的指导意见》（国办发〔2016〕71号）	国务院	力争用10年左右时间使装配式建筑占新建建筑的比例达到30%
12	2016年2月	《中共中央 国务院关于进一步加强城市规划建设管理工作的若干意见》	中共中央、国务院	提出发展新型建造方式，大力推广装配式建筑，减少建筑垃圾和扬尘污染，缩短建造工期，提升工程质量

（三）示范建设

随着政策驱动和市场内生动力的增强，装配式建筑相关产业发展迅速。截至2020年，全国共创建国家级装配式建筑产业基地328个，其中万科、华阳国际、中建科技、中建科工等13家深圳企业获评为国家级装配式建筑产业基地。

2020年10月29日，住房和城乡建设部科技与产业化发展中心发布了《关于认定＜装配式建筑评价标准＞范例项目的通知》，其中52个项目符合《装配式建筑评价标准》GB/T 51129—2017相关评价要求，认定为首批《装配式建筑评价标准》范例项目。深圳市6个项目上榜，占全国范例总数的11.5%。

二、广东省发展情况

（一）发展趋势

根据公开报道数据，"十三五"期间，广东省新建装配式建筑面积超 8030 万 m²，新开工装配式建筑面积占新开工建筑面积的比例达 11.45%，全省装配式建筑总量不断提高。

全省共获批 2 个国家装配式建筑示范城市、3 个省级装配式建筑示范城市、21 个国家级装配式建筑产业基地、83 个省级装配式建筑产业基地。全省共有装配式混凝土预制构配件企业 61 家，生产线 270 条，设计产能约 789.55 万 t；装配式钢结构构件企业 36 家，生产线 110 条，设计产能约 227.4 万 t，初步形成规模化的装配式建筑预制构件产业集群，产业链条基本形成。

（二）政策法规

1. 立法支撑

2020 年 11 月 27 日，广东省第十三届人民代表大会常务委员会第二十六次会议通过《广东省绿色建筑条例》，自 2021 年 1 月 1 日起施行。其中，新增对装配式建筑的激励等内容，第二十三条（三）提出"采用装配式方式建造绿色建筑的，其满足装配式建筑要求部分的建筑面积可以按照不超过国家和地方规定的比例不计入容积率核算"；第二十三条（六）提出"采用最高等级标准建设或者采用装配式商品房全装修方式建造的项目，可以在各类建筑工程奖项的评审中优先推荐"（表 1-2）。

2. 政策引领

随着国家政策文件高层引导，广东省住房和城乡建设厅自 2017 年起加快推进装配式建筑发展，出台一系列政策文件，对装配式建筑发展工作提供方向及建议，为全省装配式建筑的发展奠定了良好的基础。

表 1-2 "十三五"期间广东省出台装配式建筑相关政策清单

序号	时间	文件名称	发布单位	政策要点
1	2020年5月	《2020年全省建筑节能和建设科技与信息化工作要点》	广东省住房和城乡建设厅	组织编制广东省"十四五"装配式建筑发展规划
2	2020年2月	《2020年住房城乡建设工作要点》	广东省住房和城乡建设厅	力争全省装配式建筑占新建筑面积比例达到15%
3	2018年11月	《广东省装配式建筑示范项目管理暂行办法》（粤建规范〔2018〕5号）	广东省住房和城乡建设厅	规范装配式建筑示范项目的申报条件要求及管理
4	2018年10月	《广东省装配式建筑示范城市（县、区）管理暂行办法》（粤建科〔2018〕209号）	广东省住房和城乡建设厅	规范装配式建筑示范城市（县、区）的申报条件要求及管理
5	2017年12月	《广东省装配式建筑专项规划编制导则》（粤建科〔2018〕174号）	广东省住房和城乡建设厅	规范和指导各地装配式建筑发展专项规划的编制工作
6	2017年7月	《广东省装配式建筑工程综合定额（试行）》（粤建科〔2017〕151号）	广东省住房和城乡建设厅	广东省装配式建筑工程计价的标准，是编审装配式建筑工程设计概算、招标控制价、施工图预算、工程计量与价款支付、工程价款调整、竣工结算，以及调解工程造价纠纷、鉴定工程造价的依据
7	2017年4月	《关于大力发展装配式建筑的实施意见》（粤府办〔2017〕28号）	广东省人民政府办公厅	将珠三角城市群列为重点推进地区，要求到2020年年底前，装配式建筑占新建筑面积比例达到15%以上，其中政府投资工程装配式建筑面积占比达到50%以上

（三）示范建设

为进一步发挥示范引领作用，推进全省装配式建筑产业健康有序发展，广东省住房和城乡建设厅持续孵化、组织申报省级装配式建筑示范城市、基地、项目。截至 2020 年 12 月，已正式公布了三批装配式建筑示范城市、产业基地和示范项目名单，深圳、佛山、广州 3 个城市被评为省级示范城市，认定 83 个省级装配式建筑产业基地和 42 个省级装配式建筑示范项目。其中，万科、华阳国际、中建科技、中建科工等 29 家深圳企业获评为省级装配式建筑产业基地，裕璟幸福家园等 13 个项目获评广东省装配式建筑示范项目，示范基地、示范项目数量均位居全省第一。

第二章　深圳情况

在住房和城乡建设部、广东省住房和城乡建设厅的大力支持下，深圳市委市政府高度重视装配式建筑发展，早在2006年深圳就成为国家住宅产业化的首个综合试点城市；2017年11月，深圳市被住房和城乡建设部认定为首批国家装配式建筑示范城市。2018～2020年间，深圳市切实按照国家、省的部署安排，以及示范城市建设实施方案等有关要求，各项工作取得良好发展，顺利通过了省住房和城乡建设厅、住房和城乡建设部的工作情况评估审查，相关经验持续输出，充分发挥了先行示范、湾区引擎的示范领先作用。

一、发展历程

（一）起步摸索阶段（2002～2009年）

2002年深圳市成立了住宅产业化工作领导小组，2006年成为国家首个住宅产业化试点城市，孵化培育了万科、嘉达高科等国家第一批住宅产业化示范基地，开展了梅山苑二期、振业城等项目试点。万科率先打造全国首个住宅产业化研究基地，成功试点了华南地区首个预制框架结构装配式建筑项目——第五园第五寓项目，带动产业链起步发展。

（二）加速发展阶段（2009～2014年）

2009年大部制改革后，深圳装配式建筑迎来了加速发展。当国家提出"十二五"期间建设3600万套保障性住房时，深圳市率先在龙悦居三期公共租赁住房项目中成功探索了"保障性住房＋工业化建造＋绿色建筑"的"三位一体"发展路线。2012～2013年间，深圳市还率先开展了保障性住房标准化设计研究，用于指导保障性住房全过程实施装配式建筑。

（三）扩面提质阶段（2014年至今）

2014年，深圳市住房和建设局全面统筹推进全市住宅产业化、装配式建筑的工作，首个指导性文件正式出台，实现了政策引导的良好开局。2017年，深圳获批为国家首批装配式建筑示范城市。随后密集出台了一系列政策文件，扩大了装配式建筑实施范围，明确了技术路线，创新了招标投标制度，细化了各项奖励扶持措施，提出了项目实施过程操作性指引，奠定了扩面提质、示范引领的良好基础。

二、发展目标

深圳市作为广东省首个国家级装配式建筑示范城市、珠三角的装配式建筑重点推进地区，在住房和城乡建设部《"十三五"装配式建筑行动方案》《深圳市装配式建筑示范城市实施方案》的基础上，发布全市装配式建筑发展纲领性文件《深圳市装配式建筑发展专项规划（2018～2020）》，进一步明确装配式建筑示范建设各项工作任务。2018～2020年间，深圳市切实按照国家、省的部署及示范城市建设实施方案的有关要求推进各项工作，充分发挥先行示范、湾区引擎的示范领先作用，均顺利通过广东省住房和城乡建设厅、住房和城乡建设部的工作情况评估审查。

近年来，深圳市装配式建筑发展迈入快速发展阶段，陆续出台了一系列的政策标准、产业扶持、项目建设、人才培育、行业管理等措施保障，装配式建筑建设总规模由2015年的48万 m^2，逐步上升至2020年的3494万 m^2，6年增长71倍，每年新开工装配式建筑占新建建筑面积比例也由不到5%逐步增长至38%，提前超额完成国家的目标任务（表2-1）。

表2-1 装配式建筑发展总体目标完成情况

	国家政策指标	广东省政策指标	示范城市指标	专项规划指标	完成概述	完成评估
文件名称	《关于大力发展装配式建筑的指导意见》《"十三五"装配式建筑行动方案》	《关于大力发展装配式建筑的实施意见》	《深圳市装配式建筑示范城市实施方案》	《深圳市装配式建筑发展专项规划（2018～2020）》		

续表

国家政策指标	广东省政策指标	示范城市指标	专项规划指标	完成概述	完成评估
指标要求	2016年起，力争用10年左右的时间，使装配式建筑占新建建筑面积的比例达到30%。2020年年底前，装配式建筑占新建建筑面积比例达到20%以上	2020年年底前，全省装配式建筑占新建建筑面积比例达到15%以上	2020年，全市装配式建筑占新建建筑面积比例达到30%以上	2020年，全市装配式建筑占新建建筑面积比例达到30%以上	2020年，全市装配式建筑占新建建筑面积比例达到38%，新开工装配式建筑面积1812万m^2，累计总建设规模达到3494万m^2	提前完成国家2025目标

（一）示范城市指标完成情况

2017年，深圳市正式成为全国首批装配式建筑示范城市，按照《深圳市装配式建筑示范城市实施方案》工作计划，深圳市装配式建筑示范城市的建设工作分为三个阶段。按照国家、省及地方规划要求，深圳市积极开展装配式建筑各项推进工作，有力推动深圳市装配式建筑建设发展，顺利通过各年度装配式建筑示范城市的评估工作，圆满完成或超额完成各项发展目标。装配式建筑示范城市发展目标任务完成情况及执行情况如表2-2所示。

表2-2 装配式建筑示范城市工作目标完成情况

目标任务		完成情况	完成概述
2017年			
实施办法	编制装配式建筑示范城市实施方案，编制深圳装配式建筑促进办法	已完成	已编制装配式建筑示范城市实施方案，已编制装配式建筑系列政策文件
工作机制	完善装配式建筑示范城市的实施组织机构，初步建立市区联动工作机制，完成全市装配式建筑项目信息化管理系统开发	已完成	已初步建立市、区联动工作机制，每年召开市、区联席会议。完成全市装配式建筑项目信息化管理系统开发

续表

目标任务		完成情况	完成概述
发展任务	将装配式混凝土结构、钢结构建筑作为发展重点，在住宅建筑率先实施装配式建筑的基础上，将推进工作的覆盖面扩大到学校、医院、公寓、商业办公楼等公共建筑，全市装配式建筑占新建建筑面积比例达到10%以上	已完成	《深圳市装配式建筑发展专项规划（2018～2020）》中已明确将装配混凝土结构、钢结构建筑作为发展重点，在住宅建筑率先实施装配式建筑的基础上，将推进工作的覆盖面扩大到学校、医院、公寓、商业办公楼等公共建筑。2017年，全市新开工装配式建筑面积达257.44万m^2，占新建建筑面积比例达到10%
2018年～2019年			
制度建设	完善装配式建筑规划、设计、招标、造价、许可、施工、监督、检测、验收等管理制度	已完成	发布了《关于加快推进装配式建筑的通知》《深圳市装配式建筑工程消耗量定额》《EPC工程总承包招标工作指导规则（试行）》等政策文件，市造价站每季度定期发布预制混凝土构件、轻质内隔墙板等部品造价信息，完善设计、招标、造价、施工、监督等管理制度
产业升级	对现有建设模式进行升级改造，突破建设各环节相互割裂分离的瓶颈，全力推广一体化建设模式，促进全产业链的形成		大力推广工程总承包EPC模式，《深圳市装配式建筑发展专项规划（2018～2020）》中已明确要求政府投资的装配式建筑项目全面推广工程总承包EPC模式
发展任务	继续以土地供应环节为抓手，扩大城市更新项目实施范围，加大政府投资项目的带头示范作用，全市装配式建筑占新建建筑面积比例达到20%以上		2018年，全市装配式建筑占新建建筑面积的16%，新开工装配式建筑562.02万m^2，累计总建设规模近929.33万m^2。2019年，全市装配式建筑占新建建筑面积的25.1%，新开工装配式建筑753.45万m^2，累计总建设规模1682.78万m^2

续表

目标任务		完成情况	完成概述
2019 年~ 2020 年			
制度建设	建立富有深圳特色的装配式建筑政策法规、标准技术体系	已完成	根据深圳市装配式建筑发展实际，持续出台《关于加快推进装配式建筑的通知》《深圳市装配式建筑发展专项规划》等 15 个重磅政策文件，构建了刚性约束与鼓励激励并举的政策体系。先后发布了《深圳市建筑工程铝合金模板技术应用规程》《预制混凝土构件企业星级评价标准》等 11 部地方和团体标准，基本涵盖了装配式建筑设计、生产、建造、验收等环节，初步形成了以国标为基础、以地标为支撑、以团标为补充的多层次标准体系
发展任务	形成覆盖开发、设计、生产、施工等方面的完整装配式建筑产业链，全市装配式建筑占新建建筑面积比例达到 20%以上		装配式建筑产业链条完成全面覆盖，产业链企业约 400 余家，31 家企业被认定为国家、省、市产业基地，其中国家级产业基地达 13 家。2020 年，全市装配式建筑占新建建筑面积比例达 38%，新开工装配式建筑面积 1812.04 万 m^2，累计总建设规模近 3500 万 m^2
全国示范	基本形成以市场机制为主导的装配式建筑发展的良好工作局面，为全国提供综合示范样本		深圳市坚持因地制宜、循序渐进地探索推动装配式建筑发展实践，已出台 15 个政策文件和 11 部标准规范；打造了哈工大深圳校区、汉京中心等一批"鲁班奖"、国家标准范例精品项目；创设了全国首个装配式建筑专业技术职称；建成了省内首批 7 家装配式建筑实训基地；组织了近 8 万人次的公益培训、项目观摩、行业交流等活动，初步形成"政策引领、市场运作、企业作为、协会助力"具有深圳特色的装配式建筑发展道路，并持续向粤港澳大湾区乃至全国持续输出可复制、可推广的"深圳经验"

(二）专项规划指标完成情况

为更好完成示范城市建设任务，深圳市住房和建设局、深圳市规划和国土资源委员会、深圳市发展和改革委员会在《深圳市装配式建筑示范城市实施方案》的基础上，发布了《深圳市装配式建筑发展专项规划（2018～2020）》，进一步强化、细化了深圳装配式建筑发展多项目标与阶段性任务，具体指标任务完成情况见表2-3。

表2-3 《深圳市装配式建筑发展专项规划（2018～2020）》工作目标完成情况

时间	目标任务	完成情况
2017年	发布落实装配式建筑相关的配套措施文件	发布《关于加快推进装配式建筑的通知》等深建规1、2、3号文政策文件，进一步明确装配式建筑落实要求、奖励措施及认定标准
	完善工作机制，进一步加强市、区联动	建立装配式建筑市、区联系工作机制，建立联席工作会议
	装配式建筑项目信息化管理系统开发	全市装配式建筑信息管理系统进入实质性应用，涵盖全市装配式建筑项目相关数据信息
	覆盖面扩大到公共建筑，全市装配式建筑占新建建筑面积比例达到10%以上	政府投资项目率先实施装配式建筑，社会投资项目逐步推广实施，全市装配式建筑占新建建筑面积比例达到10%
2018年	扩大政策对不同结构体系项目受惠覆盖面	《建筑节能发展专项资金扶持》进一步扩大补贴覆盖面，对深圳市装配式建筑可进行补贴，每平方米最高资助100元，资助金额上限为500万元
	构建适合深圳装配式建筑发展的技术标准体系	发布《关于做好装配式建筑项目实施有关工作的通知》《深圳市装配式建筑评分规则》，系统构建了新阶段装配式建筑的技术体系
	全力推广工程总承包（EPC）建设模式和全过程建筑信息模型（BIM）应用	《专项规划》明确政府投资项目全面推广EPC工程总承包模式、BIM信息应用。《深圳市装配式建筑评分规则》将EPC工程总承包模式和BIM信息应用作为项目评分得分项
	优化装配式建筑行政审批、管理程序	将装配式建筑设计阶段认定工作下放至建设单位自行组织，减少评审工作周期，采用装配式建筑线上平台录入方式，减少审批流程

续表

时间	目标任务	完成情况
2018 年	全市装配式建筑占新建建筑面积比例达到 15% 以上	2018 年，全市装配式建筑占新建建筑面积的 16%，新开工装配式建筑 562.02 万 m^2，累计总建设规模 929.33 万 m^2
2019 年	建立专业技术人员、管理人员、产业工人的培养机制	持续开展公益化培训、项目观摩、学习考察、行业交流等能力提升活动，累计参与人数近 4 万人次，基本实现建设行业各领域的全覆盖。在国内率先创设装配式建筑专业技术职称。已建成省内首批 6 家装配式建筑实训基地，培养出的产业工人在全国、省内装配式建筑技能竞赛中屡获佳绩
	推广采用全市装配式建筑项目信息化管理平台	搭建了以项目为主线的信息管理平台，实现项目入库管理、现场巡查、信息统计等多功能合一，并与省装配式建筑信息统计平台相衔接
	加大各类型结构体系装配式建筑试点示范建设	培育了一批装配式建筑示范项目，覆盖住宅、办公、学校、展会等建筑类型，如哈尔滨工业大学深圳校区、裕璟幸福家园、库马克大厦、坪山高新区综合服务中心等
	全市装配式建筑占新建建筑面积比例达到 25% 以上	2019 年，全市装配式建筑占新建建筑面积的 25.1%，新开工装配式建筑 753 万 m^2，累计总建设规模近 1682.78 万 m^2
2020 年	基本完善装配式建筑全产业链配套，培育产业基地 25 个以上，国家基地 10 个以上	装配式建筑产业链条完成全面覆盖，产业链企业约 400 余家，31 家企业被认定为国家、省、市产业基地，其中国家级产业基地达 13 家
	建立健全适应装配式建筑发展的政策、标准、技术、人才、管理体系	政策：截至"十三五"末期，出台 15 部装配式建筑政策文件，构建约束、激励并举的政策体系。标准：截至"十三五"期末，发布 14 部地方和团体标准，涵盖了装配式建筑全生命周期。技术：建立因地制宜技术体系，大力推广"内浇外挂"技术体系，逐步推进预制剪力墙结构、钢结构、模块化结构等技术体系应用。人才：持续开展公益培训，累计参与近 8 万人次；打造一支由院士、大师领衔的 221 人的专家队伍。管理：市直部门、市区两级住建部门充分联动，建立市、区联席会议制度
	装配式建筑成为深圳主要建设模式之一，全市装配式建筑面积累计超过 3000 万 m^2，占新建建筑面积比例达到 30% 以上	2020 年，全市装配式建筑占新建建筑面积比例达 38%，新开工装配式建筑面积 1812.04 万 m^2，累计总建设规模近 3494.82 万 m^2

三、总体情况

（一）政策体系基本建成

至"十三五"期末，深圳市已出台《关于做好装配式建筑项目实施有关工作的通知》等 15 个重磅政策文件，构建了刚性约束与鼓励激励并举的政策体系。在刚性约束方面，明确了各年度装配式建筑的实施范围，建设项目类型从居住建筑逐步覆盖到公共建筑、工业建筑等。在激励措施方面，通过提出 3% 面积奖励、1/3 提前预售、资金扶持等"一揽子"措施充分调动市场主体的积极性和创造性。

（二）标准体系逐步完善

2009 年，深圳市发布了全国首部装配式建筑地方标准《预制装配整体式钢筋混凝土结构技术规范》；2012 年，发布了《深圳市保障性住房标准化设计图集》；"十三五"期间，先后完成了《深圳市建筑工程铝合金模板技术应用规程》等 11 部地方和团体标准，基本涵盖了装配式建筑设计、生产、建造、验收等环节，初步形成了以国标为基础、以地标为支撑、以团标为补充的多层次标准体系。

（三）项目建设全面铺开

深圳市装配式建筑建设总规模由 2015 年的 48 万 m^2，逐步上升至 2020 年的 3494 万 m^2，6 年增长 71 倍。每年新开工装配式建筑占新建建筑面积比例也由不到 5% 逐步增长为 10%、16%、25% 和 38%，建设规模和占比稳居全国前列。

规模增长的同时，质量也持续提升。哈工大深圳校区项目获得鲁班奖，库马克大厦项目获得粤钢奖；汉京金融中心、中建钢构大厦等 6 个项目获评为住房和城乡建设部首批《装配式建筑评价标准》范例项目，占全国范例项目的 11.5%，占全省范例项目的 75%；裕璟幸福家园等 13 个项目获评广东省装配式建筑示范项目，占全省总数的 30.9%，位居全省第一。

（四）产业配套日益成熟

深圳市装配式建筑产业链已覆盖建设、设计、施工、部品部件生产、咨询等各领域，参与企业数量持续增长，如开发建设单位由 2015 年的 6 家增长到 2020 年的 188 家，增长 30 倍，呈现了爆发性增长的趋势。造就了一批龙头企业，孵化培育了 13 个国家级装配式建筑产业基地、29 个省级基地及 31 个市级基地，数量在全国和省内遥遥领先，形成了从行业龙头到成长型企业的多级梯队，呈现出后劲十足的良好势头。

（五）人才队伍初具规模

政府层面，持续开展公益化培训、项目观摩、学习考察、行业交流等能力提升活动，累计参与人数近 8 万人次，基本实现建设行业各领域的全覆盖。打造了一支由院士、大师领衔的 221 人的高水平专家队伍，助力粤港澳大湾区乃至全国装配式建筑发展。在国内率先创设装配式建筑专业技术职称，经评审的装配式建筑职称技术人员达 379 人。已建成省内首批 7 家装配式建筑实训基地，培养出的产业工人在全国、省内装配式建筑技能竞赛中屡获佳绩。企业层面，部分龙头企业已经形成了内部培训或对外联合培养人才的机制，定期组织员工参加装配式建筑相关培训活动。如万科集团的"千亿计划"已组织开展 140 批次近 2000 余名的万科及合作商的工程师赴日本研修，学习装配式建筑的建造技术与管理；天健集团与深圳市职业技术学院联合成立"深职院天健建工学院"培养产业工人。

（六）行业管理规范迈进

首创将预制构件生产企业纳入建筑市场主体信用管理体系，将建设装配式建筑产业基地、示范项目等列入诚信加分，强化行业综合评价，规范建筑市场主体行为。不断深化"放管服"，发挥行业协会作用，扩充行业自律管理的空间，指导深圳市建筑产业化协会组织会员企业签署装配式建筑"行业质量公约"；逐步建立预制混凝土生产企业星级评价机制，从登记管理、飞行检查、能力评价等方面，探索取消资质后的市场规范管理模式。截至 2020 年 12 月，供应深圳市的预制混凝土构件企业、墙板企业 95% 以上已经完成了工厂信息登记管理；仅 2020 年便开展预制部品部件企业飞行检查工作 27 批次，组织行业专家 106 人次，行程 4827 公里，检查企业覆盖率达 90% 以上，成功探索了行业自律管理的长效机制。

第三章　政策法规

在政策机制方面,深圳通过市、区部门联动、多部门互动,刚性约束与激励扶持并举,过程监管与主动服务并行等方式确保政策落实。在《深圳市装配式建筑发展专项规划》的部署下,各区已全部制定了专项实施方案,并形成了以住建统筹,规划国土、发改、财政、交通、水务、城管等多部门协同的良好局面。

一、政策措施稳步出台

(一)条例立法

利用先行示范区相关立法优势,积极构建与深圳建设中国特色社会主义先行示范区相适应的建筑绿色发展法规制度,在充分总结《深圳经济特区建筑节能条例》实践经验基础上,编制形成了《深圳经济特区绿色建筑条例(草案征求意见稿)》,充分融合了以装配式建筑为代表的新型建筑工业化相关内容,覆盖到建筑项目从立项到运维全过程。该条例自公开征集意见以来,受到建设行业高度关注,截止到本书完稿已进入紧张修订阶段,即将正式发布。

(二)政策体系

"十三五"期间,深圳市制定了全面系统的市级层面的装配式建筑促进政策,发布了《关于做好装配式建筑项目实施有关工作的通知》《关于进一步明确装配式建筑实施范围和相关工作要求的通知》等文件,明确了装配式建筑的实施范围、实施主体、政策保障、技术保障、工作要求和相关责任。

其中,重点发布的《深圳市装配式建筑发展专项规划(2018~2020)》在示范城市发展目标的基础上,进一步提出了2018~2020年深圳装配式建筑发展的多项目标与阶段性任务,超前规划2025年、2035年的发展目标,建立起全方位指标体系。

结合《关于做好装配式建筑项目实施有关工作的通知》《深圳市装配式建筑评分规则》,将装配式建筑的认定和推进工作覆盖装配式混凝土结构和装配式钢结构,将钢结构、钢-混凝土组合结构、模块化建筑结构等纳入发展和管理范畴，进一步推动装配式建筑从主体结构预制装配化向标准化设计、机电设备、装饰装修装配化、信息化应用等方面全面延伸（表3-1）。

表3-1 "十三五"期间深圳市出台装配式建筑相关政策情况

序号	发布日期	政策文件名称	发布机构	政策要点
1	2020年6月	《深圳市住房和建设局关于调整深圳市装配式建筑设计阶段评分审查表格的通知》（深建设〔2020〕15号）	深圳市住房和建设局	做好深圳市取消施工图审查后装配式建筑项目的实施落实，对装配式建筑项目评分相关审查表格作调整
2	2020年3月	《关于进一步明确装配式建筑实施范围和相关工作要求的通知》（深建设〔2020〕1号）	深圳市住房和建设局	进一步明确深圳市装配式建筑项目实施范围，针对技术特殊、造型复杂等单体建筑情况进行补充说明
3	2018年11月	《关于在市政基础设施中加快推广应用装配式技术的通知》（深建科工〔2018〕71号）	深圳市住房和建设局 深圳市交通运输委员会 深圳市水务局 深圳市城市管理局	加快拓展装配式建筑技术的应用范围，推进市政基础设施建造技术转型升级
4	2018年11月	《关于做好装配式建筑项目实施有关工作的通知》（深建规〔2018〕13号）	深圳市住房和建设局 深圳市规划和国土资源委员会	对深圳市装配式建筑评价方式创新采用评分制度，构建科学、全面的指标体系，由建筑主体转向强调综合系统性，有效推动项目实施
5	2018年9月	《深圳市装配式建筑产业基地管理办法》（深建规〔2018〕10号）	深圳市住房和建设局	明确基地申报及管理相关流程及办法，加快产业基地建设
6	2018年8月	《深圳市装配式建筑专家管理办法》（深建规〔2018〕9号）	深圳市住房和建设局	规范装配式建筑专家的管理，提高装配式建筑政策制定、技术咨询、项目落地等工作的科学性和前瞻性

续表

序号	发布日期	政策文件名称	发布机构	政策要点
7	2018年5月	《深圳市建筑节能发展专项资金管理办法》（深建规〔2018〕6号）	深圳市住房和建设局 深圳市财政委员会	将装配式建筑列入专项资金资助和支持的范围，装配式建筑项目资助金额上限为500万元
8	2018年3月	《深圳市装配式建筑发展专项规划（2018~2020）》（深建字〔2018〕27号）	深圳市住房和建设局 深圳市规划和国土资源委员会 深圳市发展和改革委员会	提出20项具体指标，明确8大主要任务与6大保障措施，提出了未来三年深圳装配式建筑发展多项目标与阶段性任务
9	2017年12月	《关于提升建设工程质量水平打造城市建设精品的若干措施》（深建规〔2017〕14号）	深圳市住房和建设局	新建居住建筑全面实施装配式建筑，并向公共建筑、工业建筑等逐步覆盖。政府投资项目率先推广高标准的装配式建筑，引导社会投资项目因地制宜实施
10	2017年1月	《关于装配式建筑项目设计阶段技术认定工作的通知》（深建规〔2017〕3号）	深圳市住房和建设局	明确装配式建筑项目认定范围及认定职责部门，规范项目认定技术要点与审查要点
11	2017年1月	《关于印发深圳市装配式建筑住宅项目建筑面积奖励实施细则的通知》（深建规〔2017〕2号）	深圳市住房和建设局 深圳市规划和国土资源委员会	明确装配式建筑面积奖励流程，鼓励建设单位在自有土地上申请实施装配式建筑的住宅项目，极大促进了开发建设单位的积极性
12	2017年1月	《关于加快推进装配式建筑的通知》（深建规〔2017〕1号）	深圳市住房和建设局	进一步明确从供地源头落实装配式建筑项目，提出从规划、认定、监督、验收、专家服务、造价信息、资金鼓励、人才培养等方面的发展要求

续表

序号	发布日期	政策文件名称	发布机构	政策要点
13	2016年12月	《深圳市装配式建筑工程消耗量定额》（深建规〔2016〕379号）	深圳市住房和建设局	规范深圳市装配式建筑工程的计价行为，国有资金投资的装配式建筑工程编制投资估算、设计概算、施工图预算和最高投标限价的依据
14	2016年10月	深圳市建设事业发展（深建字〔2016〕26号、深圳市建设事业发展9号）	深圳市住房和建设局 深圳市发展和改革委员会	提出到2020年，全市装配式建筑占新建建筑面积的比例达到30%的任务要求；"十三五"期间装配式建筑重点部署，提出发展目标、重点任务和具体措施
15	2016年5月	《EPC工程总承包招标工作指导规则（试行）》（深建市场〔2016〕16号）	深圳市住房和建设局	推广EPC工程总承包，协助招标人做好EPC工程总承包招标工作，降低合同风险

二、联动发挥政策实效

（一）部门联动加强监督

按照深圳市住房和建设局、深圳市规划和国土资源委员会联合发布的《关于做好装配式建筑项目实施有关工作的通知》有关要求，规划国土、城市更新部门应将实施装配式建筑有关要求落实到土地出让合同或土地批注文件中，并在用地规划许可、方案核查、工程规划许可的办事指南中予以告知。对此，深圳市住房和建设局与深圳市规划和国土资源委员会、深圳市城市更新和土地整备局等部门加强联动互动，实现项目信息互通，加强源头把控，以办理建设用地规划许可为抓手，定期梳理全市纳入装配式建筑的项目清单。深圳市住房和建设局在施工许可、质量监管、竣工验收等环节，加强对项目施工图设计文件和装配式建筑项目实施方案落实情况的监督和抽查。

(二)市、区联席形成合力

近年来,深圳市住房和建设局常态化贯彻联席工作会议制度,通过工作总结、计划部署、经验分享、议题讨论、企业共商等形式,不仅营造了良好的会议氛围,更营造了全市装配式建筑与绿色建筑发展的良好局面。建立市、区(含新区)装配式建筑工作联系沟通机制,实施月/季报制度,定期通报、交流和部署全市装配式建筑工作,每季度将全市装配式建筑项目的实施和抽查情况形成专题报告印发各区。严格执行项目属地管理制度,促进各区、各部门共同推进装配式建筑工作,联合质监部门加强现场服务与检查,强化全市装配式建筑项目各环节的监督与指导,形成齐抓共管的良好局面(表3-2)。

表3-2 深圳市装配式建筑联席工作会会议

序号	时间	会议名称
1	2017年4月	2017年全市装配式建筑市、区联席会议
2	2018年1月	2018年全市建筑节能、绿色建筑和装配式建筑市、区联席会议
3	2019年4月	深圳市2019年建筑节能、绿色建筑和装配式建筑市、区联席工作会议

(三)各区助力创新发展

(1)政策支持。为进一步推动装配式建筑发展,各区建设主管部门通过系列的政策出台,加大对区内装配式建筑的政策引领与激励保障(表3-3)。

表3-3 深圳市各区装配式建筑政策发布情况

序号	区属	文件名称	文号
1	福田区	《深圳市福田区住房和建设局关于印发<深圳市装配式建筑发展专项规划(2018~2020)——福田区三年实施方案>的通知》	深福建发〔2018〕93号
		《关于福田区政府投资项目加快应用建筑信息模型(BIM)技术的通知》	深福发改〔2019〕175号

续表

序号	区属	文件名称	文号
1	福田区	《福田区人民政府办公室印发＜福田区"无废城市"建设试点实施方案＞的通知》	福府办函〔2020〕20号
		《福田区住房和建设局关于印发＜政府投资项目竣工信息模型（BIM）验收指引＞的通知》	/
2	罗湖区	《深圳市罗湖区装配式建筑发展专项规划（2018～2020）》	罗府办函〔2018〕476号
3	盐田区	《盐田区装配式建筑发展专项规划（2018～2020）》	深盐建〔2018〕154号
		《盐田区绿色建筑与装配式建筑发展专项扶持办法》	深盐建规〔2020〕1号
4	南山区	《南山区住房和建设局关于印发＜南山区装配式建筑发展实施方案（2018～2020）＞的通知》	/
		南山区自主创新产业发展专项资金绿色建筑分项资金	/
		《深圳市南山区人民政府办公室关于印发深圳市南山区"无废城市"建设工作方案的通知》	深南府办函〔2020〕13号
		《深圳市南山区人民政府关于印发南山区2020年"绿水青山就是金山银山"实践创新基地建设行动计划的通知》	深南府函〔2020〕148号
5	宝安区	宝安区装配式建筑发展实施方案（2018～2020）	/
		《宝安区住房和建设局关于明确绿色建筑、装配式建筑、海绵城市建设施工图设计审查有关要求的通知》	/
		《关于落实2020年宝安区绿色建筑和装配式建筑有关工作要求的通知》	/
6	龙岗区	《龙岗区建设工程质量提升行动方案（2019～2021）》	深龙府办函〔2019〕6号
		《龙岗区贯彻落实粤港澳大湾区发展规划纲要三年行动方案（2018～2020年）》	深龙大湾区〔2019〕4号
		《龙岗区勇当深圳建设中国特色社会主义先行示范区排头兵行动方案（2020～2025年）》	区委便笺2020年21号
7	龙华区	《深圳市龙华区人民政府关于印发龙华区绿色建筑发展激励和扶持办法的通知》	深龙华府规〔2017〕1号
		《深圳市龙华区住房和建设局关于明确绿色建筑和装配式建筑建设有关要求的通知》	/

续表

序号	区属	文件名称	文号
8	坪山区	关于印发《坪山区加快推进装配式建筑发展实施方案》的通知	/
9	光明区	《光明区装配式建筑发展实施方案（2018~2020）》	〔2018〕288号
10	大鹏新区	《深圳市大鹏新区循环经济与节能减排专项资金管理暂行办法》	深鹏发财〔2017〕324号
		《大鹏新区装配式建筑发展实施方案（2018~2020）》	深鹏办函〔2018〕87号
		《大鹏新区2018年度建筑节能和绿色建筑、装配式建筑发展工作计划》	深鹏城建函〔2018〕1146号
		《大鹏新区2019年度建筑节能和绿色建筑、装配式建筑发展工作计划》	深鹏住建函〔2019〕393号
		《大鹏新区住房和建设局关于印发2020年度建筑节能和绿色建筑、装配式建筑发展工作计划的通知》	深鹏住建函〔2020〕1574号
11	前海管理局	《前海合作区装配式建筑发展专项规划（2018~2020）实施方案》	深前海〔2018〕259号
12		《深圳市前海管理局关于做好前海合作区装配式项目实施有关工作的通知》	深前海规〔2021〕2号
13	深汕特别合作区	《深汕特别合作区2020年度建筑节能和绿色建筑、装配式建筑发展工作计划》	/

（2）工作创新。各区根据发展实际，创新性开展政府投资项目采用建筑信息模型（BIM）验收等相关工作，以优质高效的企业服务和项目监管为装配式建筑项目的实施落地保驾护航。

1. 福田区创新信息融合

福田区住房和建设局加快"BIM+装配式建筑"技术的推广应用，发布了《关于福田区政府投资项目加快应用建筑信息模型（BIM）技术的通知》《福田区住房和建设局关于印发〈政府投资项目竣工信息模型（BIM）验收指引〉的通知》等文件，进一步推广政府投资项目中BIM的深度应用，率先构建一整套政府投资项目 BIM 制度体系。深圳市首个装配式混凝土结构学校梅香学校（梅园学校）建设工程开展装配式建筑专项验收工作及建筑信息模型（BIM）竣工试点验收，得到市领导肯定："福田区装配式建筑推广应用的做法请各区住建系统借鉴"。

2. 南山区示范建设突出

2018 年至 2020 年南山区积极推进装配式建筑发展，临海揽山御园等 25 个项目通过装配式建筑技术认定评审，已录入系统的装配式建筑项目 17 个，中建科工等 2 个企业获批住房和城乡建设部第一批装配式建筑产业基地，香港华艺设计等 7 个企业获批广东省装配式建筑产业基地，汉京金融中心等 3 个项目获批住房和城乡建设部第一批装配式建筑示范项目，华润城润府三期等 4 个项目获批广东省装配式建筑示范项目，示范基地及项目在全市各区名列前茅。

3. 宝安区建设体量全市首位

为进一步贯彻落实《专项规划》，宝安区住房和建设局于 2018 年 12 月 20 日印发《宝安区装配式建筑发展实施方案（2018～2020）》，明确了至 2020 年全区装配式建筑占新建建筑面积的比例达到 30% 以上，重点片区（宝安中心区、空港新城）装配式建筑面积占比达到 40% 以上，政府投资工程装配式建筑面积占比达到 50% 以上的工作目标，并推出一系列工作举措和保障措施，确保全区装配式建筑稳步发展。截至 2020 年 12 月，宝安区累计装配式建筑项目数量达 94 个，实施面积达 996.28 万 m^2，项目数量及体量位于全市各区首位。

4. 龙岗区过程服务联动监管

龙岗区住房和建设局为进一步加强装配式建筑技术服务与过程监管，聘请深圳市建筑产业化协会为第三方技术支撑单位开展项目技术服务工作。同时为进一步提升项目巡查工作成效，积极探索建立多方联合巡查机制，集合了主管部门、行业协会、行业专家的共同力量，共同建立起区住建局、区质安站、协会、专家组"四位一体"的装配式建筑联合巡查机制，为项目现场推进实施提供了切实指导。一方面充分发挥了主管部门、质安机构、行业协会、行业专家在行政主管、项目执法、行业组织与对接、专业技术等不同方面的特点与专长，进一步提升了技术服务工作的质量；另一方面，联合巡查的力度，也大幅提升了项目建设单位及各责任主体的重视程度。

5. 前海蛇口自贸区构建高标准

为全面提升前海工程建设的品质和质量，进一步创新和推进前海装配式建筑技术，深圳市前海管理局结合前海合作区建设项目的开发实际、建筑特点和装配式建筑发展需求，在"前海合作区装配式技术实施导则"课题研究成果基础上，2021年2月23日发布了《深圳市前海管理局关于做好前海合作区装配式项目实施有关工作的通知》（深前海规〔2021〕2号），该《通知》有针对性地提出了前海主要结构体系的评价标准，对前海乃至深圳推进装配式建筑工作具有重要意义。

第四章　技术标准

技术创新，标准先行，深圳市积极对标国际先进，始终坚持"两提两减"目标，坚持"因地制宜"的发展思路，将可靠的技术路线作为强有力的支撑，持续构建适合深圳市装配式建筑发展特点的标准体系；积极开展装配式建筑各项科研课题研究，鼓励行业参与重大项目科技攻关，做到建设一个重大项目，产出一批科技成果。

一、标准体系，持续覆盖完善

高标准引领高质量发展，为更好地推进标准建设，同时响应国家有关部委要求，深圳市在研究编制地方标准过程中，大力推进标准化改革工作，奠定了"政策主导，地标支撑、团标补充、企标探索"的技术标准体系基础。深圳市住房和建设局连续发布了《深圳市工程建设技术规范制定程序规定》《深圳市住房和建设局工程建设技术规范编制管理工作指引》等文件，鼓励行业协会、龙头企业，积极探索团体标准、企业标准的编制、发布、管理等工作，特别是要增强团体标准的有效供给，满足市场与行业的发展需求，促进新技术新产品的市场应用，推动装配式建筑良好发展。

"十三五"期间，深圳市发布了地方标准《建筑工程铝合金模板技术应用规程》，创新性地在各章节穿插铝合金模板与装配式建筑设计、施工、验收等相关内容，在装配式建筑项目上应用广泛；发布了全国首个BIM招标投标标准《房屋建筑工程招标投标建筑信息模型技术应用标准》，推进电子招标投标与建筑信息模型技术融合发展。在团体标准方面，陆续发布并出版《预制混凝土构件生产企业星级评价标准》《深圳市住宅建筑一体化装修技术规程》《深圳市装配式建筑项目应用指引》等多部团体编准，基本涵盖了装配式建筑设计、生产、建造、验收等环节，初步形成以国标为基础、以地标为支撑、以团标为补充的多层次标准体系（表4-1）。

表 4-1 "十三五"期间深圳市编制发布装配式建筑标准清单

序号	名称	标准号	发布机构
1	建筑工程铝合金模板技术应用规程	SJG 72—2020	深圳市住房和建设局
2	房屋建筑工程招标投标建筑信息模型技术应用标准	SJG 58—2020	
3	居住建筑室内装配式装修技术规程	SJG 96—2021	
4	预制混凝土构件生产企业星级评价标准	T/BIAS 1—2017	深圳市建筑产业化协会
5	灌浆套筒剪力墙应用技术标准	T/BIAS 2—2018	
6	预制混凝土构件产品标识标准	T/BIAS 3—2019	
7	装配式混凝土建筑设计文件编制深度标准	T/BIAS 4—2019	
8	预制混凝土构件制作与检验规程	T/BIAS 5—2019	
9	GRC饰面混凝土预制部件制作与检验规程	T/BIAS 6—2019	
10	深圳市装配式建筑项目应用指引	T/BIAS 7—2019	
11	深圳市装配式混凝土建筑信息模型技术应用标准	T/BIAS 8—2020	
12	深圳市住宅建筑一体化装修技术规程	T/BIAS 9—2020	

二、评分规则，应用成效显著

深圳市将"提高质量、提高效率、减少人工、节能减排"（两提两减）作为衡量标准，在技术路线上，延续因地制宜的技术路径。2018年12月，深圳市住房和建设局、深圳市规划和国土资源委员会联合发布《关于做好装配式建筑项目实施有关工作的通知》（深建规〔2018〕13号），其中附件《深圳市装配式建筑评分规则》（下简称《评分规则》）以"两提两减"为目标，促进装配式建筑技术创新发展，提高装配式建筑发展水平；《评分规则》在参照国家标准《装配式建筑评价标准》计分方式的基础上，充分发扬深圳特色，如铝模施工、自升式爬架、干式工法等成熟的建筑工业化建造措施均列为技术得分项。

《评分规则》与 2015 年《深圳市住宅产业化项目预制率和装配率计算细则（试行）》相比，不单只依靠对建筑主体结构"预制率"与"装配率"的"两率"计算，而是从标准化设计、主体结构工程、围护墙和内隔墙、装修和机电、信息化应用 5 个方面，提出具体的技术评分项，着重于"设计—生产—施工"一体化全过程的技术系统集成，既继承了预制率和装配率的建筑工业化思路，又进一步引导我市装配式建筑技术创新，构建新阶段深圳市装配式建筑的技术体系。

2019～2020 年间，《评分规则》进入实质性的应用期，按照《评分规则》通过设计阶段技术认定的项目 240 个，充分彰显了地方适宜性、科学系统性、实际应用性、辐射复制性。

三、科研创新，引领技术发展

深圳市装配式建筑持续引领全国自主创新研发，依托课题研究、技术研发等成果，为装配式建筑发展提供技术支撑。

（1）主管部门设立技术课题研究。结合行业现阶段发展需求，"十三五"期间持续通过政府委托方式，委托行业龙头企业协助主管部门开展装配式建筑相关技术课题研究工作，为行业发展、政策制定等提供参考依据（表 4-2）。

表 4-2 "十三五"期间政府委托装配式建筑课题研究课题（部分）

序号	项目名称	立项年度
1	深圳市 MINI 公寓标准化产业化研究	2016 年
2	深圳市中小学教学楼标准化工业化研究	2016 年
3	新型绿色装配式 150 m 以上钢混凝土组合高层住宅结构体系研发	2017 年
4	适应深圳市发展需要的装配式建筑体系前期研究	2017 年
5	深圳市装配式钢结构住宅技术应用研究	2018 年
6	深圳市装配式人才住房结构体系研发	2018 年

续表

序号	项目名称	立项年度
7	深圳市装配式建筑项目装配率计算方法研究	2018 年
8	深圳市市政工程中推广装配式应用的研究	2018 年
9	深圳市房屋建筑工程 BIM 应用深度要求的研究	2018 年
10	深圳市装配式建筑 BIM 技术应用要点	2018 年
11	促进建筑信息模型（BIM）在深圳应用推广的机制研究	2018 年
12	EPC 模式下装配式建筑 BIM 全过程应用研究	2018 年
13	老旧住宅区加装电梯采用装配式技术的研究	2019 年
14	适应新阶段发展的深圳市装配式建筑政策研究	2020 年
15	2020 年深圳市建筑信息模型（BIM）产业发展研究	2020 年

（2）行业企业积极承接国内关键重点课题。引导企业发挥主力作用，积极开展、参与装配式建筑重点课题研究和关键技术研发，如中建科技、中建科工、中建海龙等主持、参加"十三五"国家课题研究，万科、华阳、盛腾科技一众企业自主开展技术科研及课题研究，为深圳市乃至全国装配式建筑发展提供专业支持与技术创新（表4-3）。

表 4-3 "十三五"期间企业承接或自主开展装配式建筑课题研究课题（部分）

序号	项目名称	单位
1	"十三五"国家级课题"预制装配式混凝土结构建筑产业化关键技术"	中建科技集团有限公司
2	"十三五"国家级课题"装配式混凝土工业化建筑高效施工关键技术研究与示范"	
3	"十三五"国家级课题"工业化建筑设计关键技术"	
4	"十三五"国家级课题"装配式模块化钢结构体系设计技术"	中建科工集团有限公司
5	"十三五"国家级课题"标准化装配技术与工艺体系研究"	

续表

序号	项目名称	单位
6	深圳市科创委课题"节能环保型钢构建筑工业化关键技术研发"	中建科工集团有限公司
7	中建股份课题"装配式建筑围护体系研究与应用"	
8	"十三五"国家级课题"建筑、结构、机电、装饰及部品一体化集成生产、安装技术研究与示范"	中建国际投资（中国）有限公司
9	中建股份课题"装配式建筑围护体系研究与应用"	
10	"十三五"市级课题"盛腾科技工业园（一期）工程项目"	深圳市深汕特别合作区盛腾科技有限公司
11	"新型预制装配式混凝土建筑技术"	万科企业股份有限公司
12	"十三五"国家级课题"建筑部品与构配件产品质量认证与认证技术体系"	深圳市现代营造科技有限公司
13	"十三五"子课题"工业化建筑部品与构配件认证风险防范技术研究"	深圳市建研检测有限公司
14	新型模块化建筑中国标准的建立与研究	中国国际海运集装箱（集团）股份有限公司
15	基于 BIM 系统模块化建筑设计的研究与开发	
16	模块化建筑外挂全工厂式安装技术研究	
17	装配式建筑的标准化与多样化研究	香港华艺设计顾问（深圳）有限公司
18	医院住院部建筑装配式标准化设计研究	
19	装配式设计在复杂公建中的设计方法研究	
20	装配式办公楼成本分析	华阳国际集团有限公司
21	CPC-ADP 自动成图平台 1.0 研发	

（3）**企业加快自主创新与技术研发**。数据显示，从实际研发经费与生产总值之比来看，深圳市代表性装配式建筑企业指数（3-7）是建筑业平均指数（0.7）的 4~10 倍，并取得了丰富的科技创新成果，如中建科技研发的预应力带肋混凝土叠合板，一种取消胡子筋的桁架筋混凝土叠合板；盛腾科技研究的预应力双 T 板与预制梁的新型连接结构及方法、预制混凝土柱干连接结构；有利集团研究的混凝土"组装合成"（MIC）技术；深圳海龙研究混凝土箱模技术、异形薄壁复合预制构件生产工法等（表 4-4）。

表 4-4　企业加快自主创新与技术研发情况（部分）

序号	技术名称	亮点概述	单位
1	组合结构梁柱技术	高强混凝土预制柱 + 型钢梁装配式框架节点是一种新型装配式节点。连接可靠性高，具有良好的抗震性能。已在坪山实验学校、坪山竹坑学校、坪山锦龙学校应用	中建科技（深汕特别合作区）有限公司
2	预应力带肋混凝土叠合板	新型倒双 T 板，更薄（30 ~ 50mm）、配筋更少（减少 4kg/m²），比普通现浇楼板可以缩短工期三分之一，可降低总体造价 30% 左右，经济性好，受力均匀，稳定性好，工作效率高	中建科技（深汕特别合作区）有限公司
3	一种取消胡子筋的桁架筋混凝土叠合板	鼓励密拼叠合板、支持板端不出筋、允许桁架筋兼做吊点等，节省作业时间与生产成本，同时解决混凝土叠合板的抗裂性和咬合效果不好的问题	
4	一种预应力双 T 板与预制梁的新型连接结构及方法	双 T 板与梁之间的连接主要采用湿连接的方式，设计复杂，施工难度大且耗时久。针对现有技术的不足，创新一种采用干性连接的方式实现装配，进而降低施工难度、简化安装结构、提升施工效率，目前已经在深圳市深汕特别合作区盛腾科技厂房项目使用	深圳市深汕特别合作区盛腾科技有限公司
5	预制混凝土柱干连接结构	装配式混凝土结构多采用干湿结合的节点连接方式，存在施工难度大，施工时间长等弊端，针对现有技术弊端，创新出一种可降低施工难度、缩短施工时间、节省施工成本的预制混凝土柱干连接结构，已在深汕特别合作区鹅埠天然气站项目中使用	
6	混凝土"组装合成"（MIC）技术	"组装合成"建筑法先装后嵌，在做地基工程的同时，后勤工厂同步生产预制组件，按照施工进度送到项目工地进行装嵌，可节省约三分之一的工期，提高工程安全和品质	有利集团有限公司

续表

序号	技术名称	亮点概述	单位
7	混凝土箱模技术	通过墙模、隔墙和构造柱等竖向构件分别与顶底板等横向构件相连，各个组成构件可预制好再运到指定工位组装。多个混凝土箱模之间可相互连接，按建筑结构布置图逐层将箱模拼装指定区域，箱模自带承重构件模板，实现免拆模施工	深圳海龙建筑科技有限公司
8	异形薄壁复合预制构件生产工法	采用组合模具、高弹低模塑胶垫片、琉璃瓦—混凝土一体化反打技术、新型翻转装置等技术解决了异形薄壁材料尺寸纤细不规则，标准化程度低，易折，受弯抗压抗扭性能相对较差等问题，改进了施工工艺，降低了成本，提高了施工效率	深圳海龙建筑科技有限公司
9	GFRP 保温拉结件	GFRP 保温拉结件是高强度低导热性能的建筑材料，在墙板中有足够的承载力，能承担外叶墙各种状态下的自重和作用力，也具有足够的变形性能适应温度变形和自重变形	深圳市现代营造科技有限公司
10	气压式灌浆机	由空压机、压力锅、出浆管、灌浆枪组成；压力锅上设置有进料阀、进气阀、放空阀和安全阀。进气阀上设置有调压表，灌浆时根据现场情况选择合适的压力进行灌浆	

四、造价定额，构建计价体系

为完善装配式建筑的成本测算问题，深圳市住房和建设局于 2016 年首开全国先河，发布了《深圳市装配式建筑工程消耗量定额》(2016)，作为装配式建筑工程编制投资估算、设计概算、施工图预算和最高投标限价的依据；每季度定期公布预制构件等市场信息价，供市场装配式建筑项目在确定工程造价时参考，基本构建装配式建筑工程成本计价体系（表 4-5）。

表 4-5　2020 年深圳市预制混凝土构件价格信息表（第 4 季度）

序号	名称	特征描述	单位	区间价格（元）
1	预制外墙板	1.C30 或 C35；2. 无夹层；3. 不含饰面；4. 不含窗框；5. 钢筋含量为 100～175kg/m³	m³	3100～4370
2	预制叠合楼板	1.C30；2. 钢筋含量为 100～190kg/m³	m³	3050～4220
3	预制楼梯	1.C35；2. 梯段预制；3. 钢筋含量为 100～175kg/m³	m³	3140～4240
4	预制带肋阳台	1. 带肋阳台；2. 三边带肋；3.C35；4. 钢筋含量为 100～180kg/m³	m³	3210～4430
5	轻质内隔墙板	1. 纵向 8 根冷拔 4.0mm 钢筋；2. 厚度为 90～200mm	m²	160～360

第五章　项目建设

近年来，在"政策+市场"的双轮驱动下，深圳市装配式建筑项目呈现持续增长态势，年度新增装配式建筑项目面积自 2015 年起持续高走，由 2015 年的 48 万 m^2，逐步上升至 2020 年的 3494 万 m^2，6 年增长 71 倍。每年新开工装配式建筑占新建建筑面积比例也由不到 5% 逐步增长为 10%、16%、25% 和 38%，建设规模和占比稳居全国前列，提前五年完成国家任务。其中，打造了一批精品工程，包括荣获"鲁班奖"的装配式建筑的哈尔滨工业大学深圳校区和坪山高新区综合服务中心，孵化培育汉京金融中心、中建钢构大厦、裕璟幸福家园等一批住房和城乡建设部范例、省级示范项目，以及"三大示范""八大标杆"、全国规模最大的公共住房建设长圳项目，实现装配式建筑工程项目量质提升。

一、规模突破，建设全面提速

（一）项目建设稳步提升

根据全市装配式建筑项目信息统计平台显示，2020 年全市新增装配式建筑面积约 1812 万 m^2，完成装配式建筑设计并录入系统项目 353 个（图 5-1、图 5-2、表 5-1）。

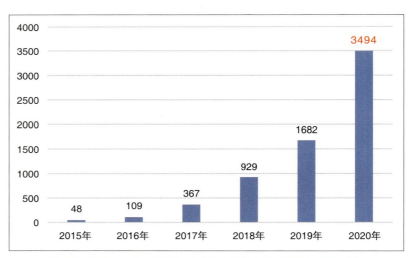

图 5-1　2015～2020 年深圳市装配式建筑累计面积情况（万 m^2）

数据来源：深圳市装配式建筑项目信息统计平台

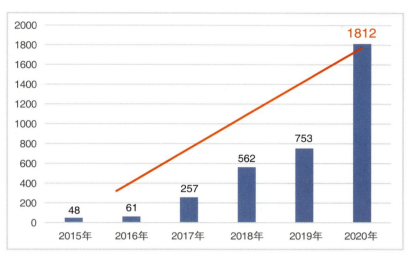

图 5-2 2015 ~ 2020 年深圳市装配式建筑新增面积情况（万 m²）

数据来源：深圳市装配式建筑项目信息统计平台

表 5-1 深圳市装配式建筑项目实施阶段

项目阶段	技术认定	施工图审查	桩基、地下室施工	±0.000以上至标准层以下	装配式结构分项工程施工	装饰装修	主体验收	竣工验收	小计
百分比	7.4%	5.6%	30%	15.2%	20.4%	5.9%	1.8%	13.7%	100%

数据来源：深圳市装配式建筑项目信息统计平台

（二）项目类型不断扩面

截至 2020 年 12 月，深圳市范围内通过技术认定或技术评分项目累计达 353 个，其中按深建规〔2017〕3 号文执行项目数 107 个，占比为 30%；按深建规〔2018〕13 号文执行项目数 246 个，占比为 70%；国家评价标准范例项目数 6 个，占全国范例总数 11.5%（图 5-3）。

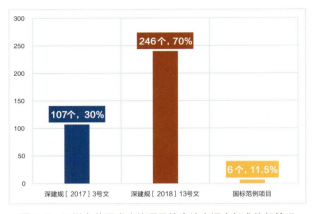

图 5-3　深圳市装配式建筑项目技术认定评审标准执行情况

数据来源：深圳市装配式建筑项目信息统计平台

深圳市范围内居住建筑 258 个，占比 73%；公共建筑项目 78 个，占比 22%；厂房、研发用房 13 个，占比 3.6%，其他建筑 4 个，占比 1.4%（图 5-4）。

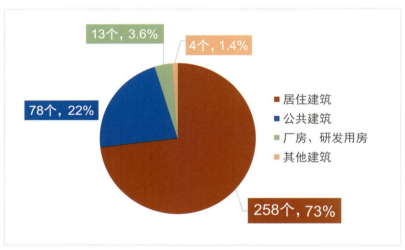

图 5-4　深圳市装配式建筑项目各类型占比情况

数据来源：深圳市装配式建筑项目信息统计平台

在项目类型覆盖方面，深圳市共 91 个公共建筑、厂房、研发用房项目录入装配式建筑信息库，类型包括办公楼、厂房、会展中心、学校、医院、图书馆和科学城等，占全市装配式建筑项目比例的 25.6%，覆盖比例、类型逐年提升，呈现深圳市装配式建筑向不同类型全面发展态势（图 5-5）。

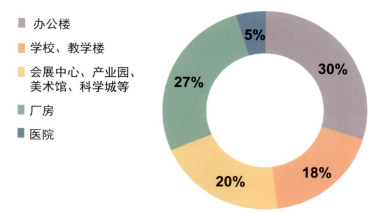

图 5-5　装配式公共建筑、工业建筑项目类别（截至 2020 年 12 月）

数据来源：深圳市装配式建筑项目信息统计平台

（三）市政工程持续发力

在市政工程方面，深圳市交通运输局在市政基础设施中积极推广应用装配式建筑技术，2019 年完成了多个市政工程项目示范应用装配式建筑技术，深入开展"桥墩装配式施工关键技术研究""上部结构梁体短线匹配法施工控制技术研究"科研课题的研究。调研相关技术的发展趋势以及深圳市的地方特点，形成了《预制拼装桥墩施工技术规程（送审稿）》，指导市政工程生产工厂与现场作业，极大地推动了装配式市政工程的发展建设。

打造市政工程装配式建筑技术应用"明星"项目，作为首个城市装配式桥梁项目盐港东立交工程，面临有效工期短、断面变化多、破碎带频繁出现以及新冠肺炎疫情等困难，充分依托了装配式建筑技术快速建造的特点，于 2020 年 6 月 30 日顺利完成贯通，获得深圳多家媒体集中报道。

作为深圳首个预制装配式桥梁试点项目，预制装配施工能有效减少建筑垃圾 70%，降低粉尘和噪声污染，节省工期；节省施工用地 50%，降低对市政交通的影响，对全市市政桥梁建造方式创新，促进建筑产业转型升级具有积极意义。

二、质量新高,创优全国样本

(一)打造鲁班工程

"十三五"期间,深圳市两个装配式建筑项目荣获建筑业最高殊荣中国建设工程鲁班奖(国家优质工程),分别是哈尔滨工业大学深圳校区和坪山高新区综合服务中心采购施工(EPC)总承包工程。

哈尔滨工业大学深圳校区项目工程建设以来,推广应用"建筑业10项新技术"中10大项、32子项,创新技术2项并总结形成省级工法2部,QC成果5项,科技创新成果1项,实用新型专利6项,发表科技论文2篇。该工程通过科技示范工程验收,技术达到国内领先水平。

坪山高新区综合服务中心采购施工(EPC)总承包工程项目是国家"十三五"重点研发计划示范工程,全国首个EPC装配式钢结构酒店会展综合体项目,深圳市坪山区重点工程、"一把手"工程。项目由中建二局、中建科技承建,采用了EPC工程总承包模式,技术上采用了BIM先行、装配式钢结构、装配式装修和装配式机器人等,充分体现了深圳市装配式建筑在全国范围内的领先示范作用(表5-2)。

表 5-2 "十三五"期间深圳市荣获"鲁班奖"装配式建筑项目名单

序号	获奖名称	获奖项目	承建单位	参建单位
1	2018~2019年度中国建设工程鲁班奖(国家优质工程)	哈尔滨工业大学深圳校区	深圳市建筑工务署	中国建筑第四工程局有限公司、中国华西企业有限公司
2	2020~2021年度中国建设工程鲁班奖(国家优质工程)	坪山高新区综合服务中心采购施工(EPC)总承包工程	中建二局第一建筑工程有限公司 中建科技集团有限公司	中建深圳装饰有限公司、中建科工集团有限公司、深圳海外装饰工程有限公司、中建二局安装工程有限公司

（二）建设全国范例

2020年11月，住房和城乡建设部科技与产业化发展中心发布了《关于认定＜装配式建筑评价标准＞范例项目的通知》，52个项目符合《装配式建筑评价标准》GB/T 51129-2017相关评价要求，认定为首批《装配式建筑评价标准》范例项目。在获认定为AA级装配式建筑中，包括了深圳市的汉京金融中心、中建钢构大厦、坪山高新区综合服务中心1号和2号楼3个项目；获认定为A级装配式建筑中，包括了深圳市的裕璟幸福家园1号和2号楼、盛腾科技工业园A期PC构件厂房、大磡福丽农场加固改造（深圳大磡小学）项目1号～4号楼3个项目（表5-3）。

表 5-3　深圳市荣获《装配式建筑评价标准》范例项目名单

序号	获奖名称	获奖项目
1	AA级装配式建筑	汉京金融中心
2	AA级装配式建筑	中建钢构大厦
3	AA级装配式建筑	坪山高新区综合服务中心1号、2号楼
4	A级装配式建筑	裕璟幸福家园1号、2号楼
5	A级装配式建筑	盛腾科技工业园A期PC构件厂房
6	A级装配式建筑	大磡福丽农场加固改造（深圳大勘小学）项目1号～4号楼

（三）上榜省级示范

"十三五"期间，广东省住房和城乡建设厅发布了三批广东省装配式建筑示范项目，全省共计42个项目被评为省级装配式建筑示范项目。其中，裕璟幸福家园（1号～3号楼）、库马克大厦等13个装配式建筑项目获认定，数量占全省总数的30.9%，位列全省第一。具体示范项目清单见附录。

三、创新试点，引领行业发展

（一）政府工程发挥先行示范

强化政府建设工程的示范带动作用，深圳市人才房、保障性住房项目100%

采用装配式建筑，如人才安居集团开发建设项目均实施装配式建筑。率先在管理创新、技术创新等方面先行先试，裕璟幸福家园项目率先采用预制剪力墙结构，坪山实验学校南校区二期、锦龙学校、竹坑学校项目采用装配式钢混组合结构标准化连接节点、装配式卡件法兰、装配式楼梯、干作业精装系统等技术体系等。通过政府投资项目的推动，培育了以万科、中建科技、中建科工、华阳、中国华西等为首的具备工程总承包管理能力和经验的企业，发挥示范带头作用。

（二）国内率先推行标准化设计

深圳市在全国率先开展装配式保障性住房标准化研究工作，已开展了"深圳市保障性住房标准化设计图集""深圳市MINI公寓标准化产业化研究""深圳市中小学教学楼标准化工业化研究"。其中裕璟幸福家园项目为"深圳市保障性住房标准化设计图集"首个落地项目，以标准化设计为核心，实现平面标准化、立面标准化、构件标准化和部品标准化，通过EPC五化一体模式建设，成了部、省、市级的活动示范观摩项目，是标准化设计研究的重要实践成果。坪山竹坑保障性住房、光明光侨路保障房等项目也陆续采用标准化图集设计建设，提升保障性住房品质，有力推动保障性住房标准化发展。

（三）强化质量监督与过程服务

（1）**明确联合验收**。装配式建筑竣工验收前要求各方建设主体联合验收及签字，落实各方主体质量安全责任。质监部门根据装配式建筑的特性，在监督检查用表上增加装配式建筑检查有关内容，包括预制构件进场验收、装配式结构首层验收、穿插式施工分部分项验收等。

（2）**联合专项检查**。市、区质监部门定期开展建设工程结构质量专项检查，检查范围为在建的主体结构已施工完成3层以上，且尚未封顶的房屋建筑工程，检查内容包括装配式建筑工程。装配式建筑工程在市、区联合检查的结果为：工程质量情况总体较好，处于可控状态。

（3）**设计文件抽查**。全市每年度至少开展两次全市装配式建筑施工图设计深度审查工作，确保装配式建筑施工图设计质量。在各区首先完成设计文件自查的基础上，由市建设科技促进中心组织专家对全市项目进行抽查，对不满足设计要求、装配式设计存在变更的项目，进行资料补充或重新组织专家评审。

（4）落实过程服务。全面推行施工阶段项目技术服务工作制度，建立221人覆盖8个专业的装配式建筑专家库，市、区建设主管部门不定期组织行业专家到项目现场提供技术服务，及时解决项目中遇到的困难和问题，为项目顺利实施保驾护航（表5-4）。

表 5-4　深圳市装配式建筑技术服务工作开展情况（不含各区服务次数）

序号	年度	服务项目次数	备注
1	2018年	111	—
2	2019年	218	—
3	2020年	190	受疫情影响，6月份恢复项目技术服务工作
合计		519	—

（四）全面应用建筑信息模型

2019年，深圳市住房和建设局发布了《深圳市房屋建筑工程招标投标建筑信息模型技术应用标准》，推进BIM技术应用，明确深圳市房屋建筑工程招标投标中的BIM技术应用要求，使BIM电子招标投标规范化、标准化；深圳市建筑工务署出台了《深圳市政府投资房屋建筑工程BIM实施指引》，《指引》根据政府投资房屋建筑工程BIM的应用和管理要求，针对工程前期规划、设计、施工、运维等各阶段的BIM技术应用和管理进行了系统性的指导，进一步提高深圳市BIM应用水平，规范行业应用。

（五）重点研发成果落地长圳

长圳项目作为国内最大的"十三五"国家重点研发计划绿色建筑及建筑工业化重点专项综合示范工程，示范落地了16个"十三五"国家重点研发计划项目的49项关键技术成果，并开展专题研究20项，为我国绿色建筑及建筑工业化实现规模化、高效益和可持续发展提供技术支撑，让科技成果转变为人民群众实实在在的获得感。其中 6 号住宅楼作为钢和混凝土组合结构装配式建筑示范，集成应用了国内 8 位院士的研究成果，在本原设计、建筑系统工程理论、钢和混凝土组合大框架结构、减隔震技术应用、一体化轻质外挂墙板、绿色施工、智能安全工地和绿色建筑技术等方面，让科技赋能，在土木工程领域诸多研究成果的集成创新、协同创新方面引领了行业进步。

（六）安居工程试点装配式装修

现阶段，深圳市正在积极开展"居住建筑室内装配式装修技术标准"课题研究工作，课题贯彻全生命周期的产品理念，不断提高装配式装修产品的整体性能，将装配式装修作为解决老百姓居住痛点、满足实际需求、提升人居品质的重要内容。为提升课题成果的建设性与可实施性，研究成果将率先在市人才安居集团项目上进行试点应用，总结形成成熟可靠的经验做法与技术体系，结合实际逐步面向全行业进行推广应用。

（七）持续提升施工技术水平

积极鼓励企业自主研发和引进技术相结合，推动装配式建筑技术体系创新，引导企业加快应用装配式建筑施工技术，研究装配式施工成套技术，如鹏城建筑的"鹏城 100"、中建三局的"精益建造"等装配式建筑施工管理体系已在深圳市推广应用，进一步提高现场施工与管理水平。鼓励、指导企业研发应用与装配式施工相适应的技术、设备和机具，形成可推广的省市级施工工法。推行结构工程与分部分项工程协同施工新模式，对采取主体和装修穿插施工作业的装配式建筑项目，实行建筑工程分段验收，提高装配式施工效率。

第六章　产业发展

借助港澳地区数十年来健全成熟的产业配套优势，深圳市凭借创新活力、良好的市场经济氛围，推动装配式建筑产业链整合建设、优化产业结构，逐步建立起上下游全面覆盖、综合能力突出、产能供应充足的产业链条，打造了国家、省、市多级示范格局，形成了大而全、精而美兼具的良好布局，呈现出由发展初级阶段向中期扩面阶段的良好趋势，孵化了一批具备全国影响力的龙头企业、上市公司与高新科技企业。

一、示范引领，产业基地新格局

"十三五"期间，深圳市装配式建筑产业链建设持续发展，扩容、高质、示范、影响成为关键词，队伍不断壮大的同时，产业整体发展水平迈入新台阶，构建了"1个示范城市+13个国家基地+29个省级基地+31个市级基地"的产业示范格局，形成了一批全市、全省、全国领先的设计、施工、部品部件、科研教培企业，整体带动提高了深圳市装配式建筑产业核心竞争力，并在粤港澳大湾区乃至全国积极发挥示范引领、辐射带动的作用。

（一）国家级产业基地持续孵化

继 2017 年深圳市荣获首批国家装配式建筑示范城市、9 家荣获国家装配式建筑基地企业后，2020 年 9 月 10 日，住房和城乡建设部发布《关于认定第二批装配式建筑范例城市和产业基地的通知》，深圳市香港华艺、广胜达、市建科院、金鑫绿建 4 家深圳企业获评为国家级装配式建筑产业基地，均为省级基地孵化晋升为国家级基地，国家级基地总数达到了 13 家，基地数量位于全国前列，顺利完成《专项规划》的 10 家基地企业的孵化指标。具体基地名单详见附录。

（二）省级产业基地位居全省第一

2019 年 1 月，广东省住房和城乡建设厅公布第一批装配式建筑示范城市、产业基地名单。深圳被评为第一个"广东省装配式建筑示范城市"，广胜达、金鑫绿建、盛腾科技等 9 家深圳企业荣列省级产业基地；12 月，又新增第二批 7 家产业基地企业。2020 年广东省住房和城乡建设厅再次公布第三批广东省装配式建筑产业基地名单，再有汇林达、雅鑫钢构、嘉力达、时代装饰、广田集团5家被评为省级装配式建筑示范基地，获批基地总数达到29家，位居全省第一，基地类型覆盖了设计、施工、部品部件生产、咨询、教育培训等全产业链条和基地类型，质量突出。具体基地名单详见附录。

（三）市级产业基地持续孵化晋升

市级基地孵化建设方面，在国家基地、省级基地培育类型的基础上，结合深圳装配式建筑发展实际，因地制宜进行细化。2019年7月，第一批28家"深圳市装配式建筑产业基地"经过层层评审、实地核查后正式公布。市级产业基地经过深圳市住房和建设局的孵化培育与支持推荐下，天健集团、时代装饰、华南建材、嘉力达、汇林达、现代营造、中建国际海运7家基地顺利晋升为省级装配式建筑产业基地。

至此，深圳构建了国家、省级、市级的梯形示范队列，不同层级的产业基地涵盖工程设计、工程施工、部品生产、科研教培、市政类、装修类、整体厨卫、装配式机电、装配式模板、集成房屋等类型，激励深圳产业基地发挥示范引领作用，助力装配式建筑的全面发展。

二、规模发展，产业链分布有序

（一）开发建设类企业

深圳是多家房地产开发企业的总部所在地，诞生了一批全国知名的开发企业，以市建筑工务署、深圳万科、人才安居为代表的本土开发建设单位，加快了深圳市装配式建筑发展，积累了大量宝贵的经验和相关技术，扶持、带动了更多产业链企业参与到装配式建筑发展的浪潮中。

在项目开发方面，参与开发的企业和项目体量的持续增长，覆盖面呈现持续扩大的良好态势。与往年集中于市人才安居集团、市建筑工务署、深圳万科、天健集团开发项目占全市装配式建筑36%不同，2020年4家开发单位合计项目数量占比为20%，同比下降16%（图6-1、表6-1）。

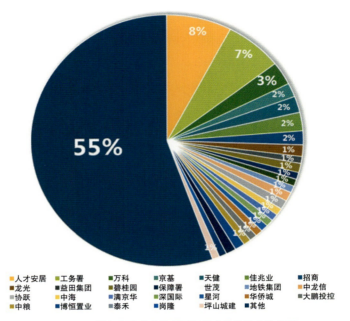

图 6-1　深圳市装配式建筑项目开发建设单位占比情况

数据来源：深圳市装配式建筑项目信息统计平台

表 6-1　深圳市开发建设单位装配式建筑项目开发数量

序号	项目开发数量	企业名称	单位总数
1	20 个以上	市人才安居集团、市建筑工务署	2 家
2	5 个及以上	深圳万科、佳兆业、天健集团、招商蛇口、京基地产、龙光地产	6 家
3	3 个及以上	碧桂园、地铁集团、中海地产、星河地产、华侨城等	18 家
4	2 个及以下	华润置地、绿地控股、电建地产、新世界等	162 家

在一系列政策引领下，也吸引了众多知名房企纷纷布局进入。从整体数量来看，"十三五"期间统计到深圳市在建装配式建筑项目开发建设单位总数分别是 21 家、36 家、50 家、97 家、188 家，实现倍数增长，充分体现了越来越多的新力量加入到装配式建筑队伍中来，形成了活力十足、持续健康发展的局面（图 6-2）。

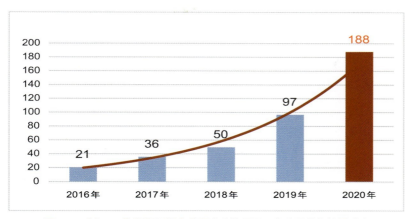

图 6-2 "十三五"期间深圳市装配式建筑项目开发建设单位数量对比

数据来源：深圳市装配式建筑项目信息统计平台

随着装配式建筑发展日益迅猛，龙头开发建设单位在装配式建筑领域不断深耕，从技术体系、户型标准化研究、管理模式等方面积极研究实践，探索适宜的装配式建筑发展路径。如万科大力推行的"5+2+X"建造体系，形成装配式建筑标准化户型 2.0；招商地产开展装配式建筑"828"营造体系研究应用；远洋地产的装配式建筑 SCS 建造体系、产品标准化等。

（二）设计类企业

深圳作为"设计之都"，勘察设计行业汇聚了一大批高水平的企业，成为深圳市装配式建筑发展的优势资源，今年新增香港华艺、市建科院为第二批国家装配式建筑产业基地，设计类国家装配式建筑基地企业总数达 6 家。设计企业实现业务扩面，牵头承接工程总承包项目、提供全过程咨询服务等华阳国际、筑博设计、市建科院等设计头部企业成功上市，对接资本市场，持续提升竞争实力。可以说，深圳市拥有一批国内领先的装配式建筑设计企业，在装配式建筑设计领域处于行业领先位置。

随着项目规模化落地，深圳市设计企业参与数量在逐年提高，市场集中度呈下降趋势。从整体数量来看，"十三五"期间统计到深圳市在建装配式建筑项目设计单位总数分别是 13 家、23 家、33 家、49 家、58 家，处于稳步扩张的发展趋势。华阳国际、筑博设计、深圳总院三家企业持续占据市场头部优势，但占据比例在逐年下降。2018年3家单位装配式建筑设计比例达全市装配式建筑的51.32%、2019年下降为36%，2020年下降为33%。在全市范围内，在深备案的设计企业共294家，参与装配式建筑设计企业占比为19.7%，与往年16%相比有小幅度提升（图6-3、图6-4）。

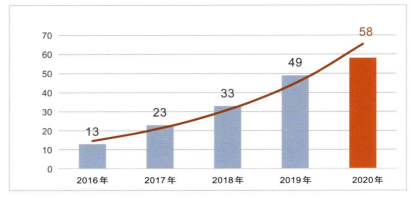

图6-3 "十三五"期间深圳市装配式建筑项目设计单位数量对比

数据来源：深圳市装配式建筑项目信息统计平台

根据设计项目数量，深圳市设计企业大致可分为三个梯队。第一梯队4家单位，参与设计项目均达到20个以上，华阳国际50个、筑博设计33个、市总院26个、香港华艺20个，项目合计占比为全市的39%；第二梯队6家单位，分别为奥意设计、悉地国际、中建科技、同济人设计、华森设计、森磊镒铭，参与设计项目数量在8个及以上，合计占比约为全市的21%；第三梯队企业10家，分别为北京中外建、广东省设计院、东大设计、市机械院、深圳天华、北京森磊源、广东省现代设计、华筑设计、壹创国际、艺州设计，参与设计项目数量在4个及以上，合计占比约为全市的16%，其他企业总体参与设计项目在3个及以下，合计占比约为全市的24%，可以看出，深圳市装配式建筑设计产业整体处于领先集中与适度分散的平稳上升状态（表6-2）。

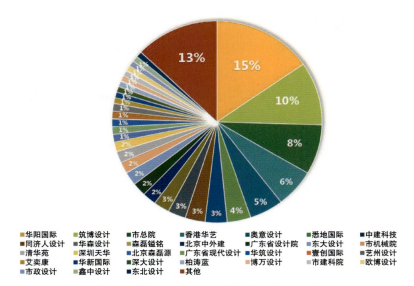

图6-4 深圳市装配式建筑项目设计单位占比情况

数据来源：深圳市装配式建筑项目信息统计平台

表6-2 深圳市设计单位装配式建筑设项目设计数量

序号	设计数量	企业名称	单位总数
1	50个	华阳国际	1家
2	20个及以上	筑博设计、深圳总院、香港华艺	3家
3	10个及以上	奥意设计、悉地国际、中建科技、同济人	4家
4	5个及以上	华森设计、森磊镒铭、北京中外建、清华苑、广东省设计院、东大设计、市机械院、深圳天华	8家
5	3个及以上	壹创设计、欧博设计、市政院、艺州设计等	15家
6	2个及以下	广大设计、上海华东、广州亚泰、和华国际等	27家

根据年度行业发展情况调研与座谈，我们总结2020年影响设计企业发展趋势的主要有两个因素：一是实施项目数量增长太快，龙头优势企业无法承接超额项目数量，潜在的巨大市场吸引了更多的企业参与装配式建筑设计，营造

了良好的市场环境；二是传统老牌设计企业加入，并依靠人才与企业资源优势，在行业上获得一定市场份额，进一步促进了行业朝着均衡分布、多元态势发展。

（三）施工类企业

深圳建设行业市场以开放、共享的理念吸引了一批本土企业、外地知名企业、大型国企央企纷纷参与深圳市装配式建筑市场。同时，也积极扶持、培育本土施工企业做大做强，中建科工、鹏城建筑、广胜达、金鑫绿建四家本土企业成为"国家装配式建筑产业基地"。

从参与项目建设的企业数量上看，整体数量上，"十三五"年统计到深圳市在建装配式建筑项目施工单位总数分别是13家、25家、40家、37家、87家，实现了成倍增长（图6-5）。

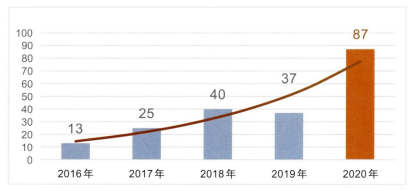

图 6-5 "十三五"期间深圳市在建装配式建筑项目施工单位数量对比

数据来源：深圳市装配式建筑项目信息统计平台

从分布态势来看，中建四局、中建二局、中建三局、中建一局参与装配式建筑项目数量位于深圳市前四位，分别参与装配式建筑项目施工数量为27个、22个、16个、15个，合计占比为24%，与2019年中建二局、中建三局、江苏华建、中建四局四家单位在全市装配式建筑项目施工占比达48%相比，2020年深圳市装配式建筑项目施工方面从高度集中向全面推进的方向发展（图6-6）。

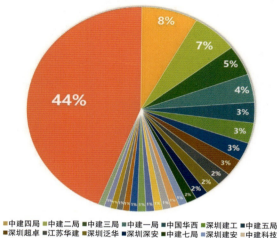

图 6-6　深圳市装配式建筑项目施工单位占比情况

数据来源：深圳市装配式建筑项目信息统计平台

根据数据进一步分析，2020 年参与装配式建筑施工的 87 家企业中，参与项目在 3 个及以上的企业为 24 家，实施项目比例为 56%；参与项目在 3 个以下的企业为 63 家，实施项目比例为 44%（表 6-3）。

表 6-3　深圳市施工单位装配式建筑设项目施工数量

序号	项目施工数量	企业名称	单位总数
1	20 个以上	中建四局、中建二局	2 家
2	10 个及以上	中建三局、中建一局、中国华西、深圳建工、中建五局	5 家
3	5 个及以上	深圳超卓、江苏华建、深圳泛华、深圳深安、中建七局	5 家
4	3 个及以上	深圳建安、中建科技、市政总、中核华兴、西部城建等	12 家
5	2 个及以下	鹏城建筑、金鑫绿建、成都建工、广东建工等	63 家

"中建系"自2018、2019年参与深圳市装配式建筑项目超过50%的高度集中以来，2020年趋势有所回落，根据数据统计分析，"中建系"参与深圳市装配式建筑项目比例降至31.9%，本土企业占比24.6%，其他地区施工企业占比43.5%。深圳市装配式建筑施工企业正逐步呈现"大型央企国企＋外地知名企业＋本土企业"三足鼎立的稳步发展态势。预测下一阶段行业市场竞争将进一步加剧，具备装配式建筑丰富经验与管理模式的企业将更受市场青睐（图6-7）。

图6-7　2020年深圳市装配式建筑项目施工单位占比情况

（四）生产类企业

部品部件作为装配式建筑实施的前提基础，部品企业的生产产能、生产水平、生产质量是深圳市装配式建筑逐步实现高质量发展的重要环节。近年来，装配式建筑部品部件相关生产类企业总体呈现出愈发蓬勃争先的发展局面，产业链供应水平稳步提升，技术发展也逐步突破，实现多项创新。

现阶段供应深圳市的部品部件企业主要来源于周边地区工厂，以预制混凝土构件企业为例，由于深圳土地成本较高，近几年市行政区域内构件生产工厂持续外迁至东莞、惠州等周边城市，采用"总部"在深、"工厂"在外的发展模式。截至目前仅有海龙、高新建、港创、比亚迪四家预制混凝土生产企业位于深圳，中建科技、盛腾科技两家位于深汕合作区（表6-4）。

表6-4 深圳市预制混凝土构件企业情况（含总部公司在深企业）

序号	企业名称	工厂地址	生产线	设计产能
1	深圳海龙建筑科技有限公司	深圳	13条	8万 m^3
2	中建科技（深汕特别合作区）有限公司	深圳	5条	22万 m^3
3	深圳市深汕特别合作区盛腾科技有限公司	深圳	3条	16万 m^3
4	深圳港创建材股份有限公司蛇口分公司	深圳	3条	14万 m^3
5	深圳市高新建混凝土有限公司	深圳	2条	11万 m^3
6	比亚迪建设工程有限公司	深圳	4条	5.5万 m^3
7	有利华建筑产业化科技（深圳）有限公司	惠州	41条	26万 m^3
8	深圳远大住宅工业有限公司	惠州\佛山	4条	20万 m^3
9	深圳中民筑友智造科技有限公司	惠州	5条	10万 m^3
10	深圳市胜德建筑科技有限公司	东莞	3条	5万 m^3
11	深圳市鹏建混凝土预制构件有限公司	佛山	3条	3万 m^3
	总计		86条	140.5万 m^3

数据来源：企业自主申报及行业调研

根据调研，具备向深圳市场实际供应能力，且通过深圳市建筑产业化协会登记管理、纳入行业自律管理体系的制混凝土构件生产企业的结果显示，由于近年来粤港澳大湾区实施装配式建筑项目数量激增，以预制混凝土构件为主的大多数部品部件企业产能趋于饱和状态，甚至有部分工厂面临多个项目集中供应、订单积压，导致出货不及时等情况出现。

总体而言，得益于粤港澳大湾区的位置优势，装配式建筑产业配套完整，产业链拥有成熟的生产技术与管理体系，深圳市场的预制混凝土构件等部品部件供应较为充足，但依赖于周边地区构件供应。由于部品部件生产工厂已经基本完成转移，周边城市地区也在逐步探索装配式建筑，未来有可能会出现项目规模化落地导致产能供应不足的情况出现。

三、产能供应，市场供需两旺

深圳市住房和建设局指导、委托深圳市建筑产业化协会开展"深圳市装配式建筑项目季度构件需求信息、产能与排期信息公布"的发布工作，每季度发布内容包括装配式建筑项目构件需求信息；预制构件、铝合金模板、轻质墙板等关键部品部件生产工厂的生产情况、产能情况、排产排期、空余产能以及堆场数据、安装能力、市场造价等信息。根据发布的供需信息情况，近年来深圳市装配式建筑市场呈现"供需两旺"局面，部分星级工厂与优良工厂排产较满，空余产能主要体现在新建工厂，充分体现了规模化发展趋势。

下一步，将结合供应实际，鼓励有能力的企业在合理区位建设生产基地，提高产能供应，构建布局合理、质量可靠、配送经济的装配式建筑产业配套基地。

（一）预制混凝土构件

预制混凝土构件生产由于车间、堆场等因素，对土地的需求量较大，除本土与深汕合作区的几家构件厂外，供应深圳市的预制混凝土构件生产企业主要分布在市区周边的东莞、惠州、佛山等地区，均在合理的运输半径中，整体为本地和外地相结合的供应格局。

本次重点调研 21 家供应深圳市的工厂实际产量情况，总体产能规模达到 203 万 m^3。从总体实际产能来看，部分工厂仍有富余空间（表6-5）。

表 6-5　供深预制混凝土构件工厂产能与实际产量统计表（部分）

序号	单位名称	设计产能（万 m^3）	2018年产能（万 m^3）	2019年产能（万 m^3）	2020年产能（万 m^3）
1	有利华建材（惠州）有限公司	26	5.6	9	6
2	深圳海龙建筑科技有限公司	8	9.5	4.3	5.2
3	广东中建新型建筑构件有限公司	10	4	5	5.7
4	广东建远建筑装配工业有限公司	12	2.2	3	4

续表

序号	单位名称	设计产能（万 m³）	2018 年产能（万 m³）	2019 年产能（万 m³）	2020 年产能（万 m³）
5	东莞市润阳联合智造有限公司	5	1	1.1	3
6	中建科技（深汕特别合作区）有限公司	22	1.5	2.7	6.1
7	深圳市深汕特别合作区盛腾科技有限公司	16	2.5	0.7	1.8
8	深圳筑友智造科技有限公司	10	1.3	1.5	2.4
9	深圳市鹏建混凝土预制构件有限公司	2.5	3.4	1.3	1.2
10	深圳市胜德建筑科技有限公司	5	1.2	1.5	13.3
11	东莞市建安住宅工业有限公司	10	1.3	4.2	4.2
12	泉州市高时新型建材有限公司东莞分公司	3.5	-	-	0.7
13	惠州普瑞康建筑材料有限公司	4.5	1.1	1.2	1.2
14	华实中建新科技（珠海）有限公司	15	-	-	3.8
15	深圳市高新建混凝土有限公司	11	7.5	6.3	13
16	比亚迪建设工程有限公司	5.5	-	1.9	1.9
17	广州万友砼结构构件公司	3	1	1.2	0.8
18	广州永万预制构件有限公司	10	0.9	0.3	2
19	广东碧鸿腾建材科技有限公司	10	-	-	3
20	佛山建装建筑科技有限公司	-	-	-	2.3
21	东莞市港创环保科技有限公司	14	-	7	14
	合计	203	44	52.2	95.6

（二）钢结构构件

针对深圳市装配式建筑钢结构企业中的中建科工、中国华西、金鑫绿建、雅鑫建筑、特区建工钢构、比亚迪建设 6 家钢结构生产单位进行的调研显示，6 家单位总体设计产能为 48 万 t，产能仍待进一步释放（表 6-6）。

表 6-6　供深钢结构构件工厂产能与实际产量统计表（部分）

序号	单位名称	工厂所在地	设计产能（万 t）	2019 年实际产量（万 t）	2020 年实际产量（万 t）
1	中建科工阳光惠州有限公司	惠州	20	9.57	12.7
2	中国华西建筑工业化有限公司	深汕	8	0.8	0.8
3	深圳金鑫绿建股份有限公司	深圳	8	3.2	2.6
4	深圳雅鑫建筑钢结构工程有限公司	深圳	8	3.25	5.6
5	深圳市特区建工科工钢构石岩生产基地	深圳	2	—	1
6	比亚迪建设工程有限公司	深圳	2	—	1.3
合计			48	16.82	24

（三）铝合金模板

铝合金模板作为深圳装配式建筑技术体系的重要组成，属于《评分规则》中主体结构工程、非砌筑免抹灰得分项，其供应能力也对深圳市装配式建筑起重要影响。

由于行业铝合金模板供应厂家数量较多，甚至部分项目由省外厂家供应，统计难度较大。本报告编写组重点调研了主要供应深圳市的 6 家铝合金模板工厂产能情况。数据显示，6 家重点工厂年供应能力可达 418 万 m^2（表 6-7）。

表 6-7　供深铝合金模板工厂产能与实际产量统计表（部分）

序号	单位名称	工厂所在地	设计产能（万㎡）	2019 年实际产量（万㎡）	2020 年实际产量（万㎡）
1	深圳汇林达科技有限公司	惠州	60	23	36
2	深圳市胜德建筑科技有限公司	东莞	50	50	20
3	广东圳通铝模科技有限公司	惠州	30	20	40
4	广州景龙环保铝模有限公司	广州	18	—	14.6
5	广州景兴建筑科技有限公司	广州	250	—	60
6	中建二局阳光智造有限公司	惠州	10		8
合计			418	93	178.6

(四)轻质墙板

轻质墙板作为装配式建筑体系的重要部品之一,自 2015 年起,已在深圳普遍使用。据统计,深圳及周边轻质内隔墙板生产工厂有 20 余家,本次重点调研了其中 12 家主要供应深圳市的工厂产能情况。其中,值得关注的是针对轻质内墙开裂的难题,质量更优的 ALC 墙板在墙板领域异军突起,深圳市人才安居项目、装配式钢结构项目正在大量应用,直接带动了一批 ALC 墙板企业及产能(表 6-8)。

表 6-8 供深轻质墙板工厂产能与实际产量统计表(部分)

序号	单位名称	工厂所在地	设计产能(万㎡)	2019 年实际产量(万㎡)	2020 年实际产量(万㎡)
1	广州越发环保科技有限公司	惠州	160	78	45
2	深圳市胜盈新型建材有限公司	深圳	150	70	69
3	深圳市双龙顺新型墙板有限公司	深圳	300	30	300
4	深圳市胜德意建筑资源科技有限公司	深圳	100	50	51
5	深圳市宏开轻质墙体材料有限公司	深圳	100	80	100
6	东莞市通洲预制件有限公司	东莞	50	-	30
7	深圳市万科达新型建材有限公司	惠州	50	30	33
8	广东筑城建筑工业有限公司	东莞	150	30	60
9	广西碳歌环保新材料股份有限公司	梧州/云浮	150	180	120
10	喜屋建材(深圳)有限公司	惠州	10	40	50
11	深圳市虹建墙体工程有限公司	河源	70	21	25
12	惠州市广缘新型建材有限公司	博罗	50	-	25
	合计		1180	609	908

第七章 队伍建设

习近平总书记在深圳经济特区建立40周年庆祝大会上讲话指出"要坚持发展是第一要务、人才是第一资源、创新是第一动力";参加广东省代表团审议时指出"中国如果不走创新驱动发展道路,新旧动能不能顺利转换,就不能真正强大起来。强起来要靠创新,创新要靠人才。"

大力发展装配式建筑,已经成为建设行业供给侧结构性改革的重要抓手,带来了建设领域一系列深层次的技术创新、管理创新,更要求人才队伍全面提升。但随着装配式建筑发展的需求日益提高,项目管理人才、技术人才、产业工人等各层次人才面临紧缺,一定程度上制约了装配式建筑的发展。为此,深圳一直将队伍建设作为行业发展的重点工作,通过政府和协会公益培训、企业内部培训、产业工人实训等多种渠道共同开展人才培训,为深圳市打造了一批优质的装配式建筑人才队伍。

一、高端智库,构筑人才基石

(一)本土院士,领衔行业首席

2020年9月17日,第三届新型建筑工业化发展国际(深圳)高峰论坛的现场,举办了"首席科学家"颁牌仪式,深圳市建筑产业化协会邀请中国工程院院士、全国工程勘察设计大师孟建民正式出任协会"首席科学家"。

孟院士多年关注、引领深圳市装配式建筑行业发展与前瞻研究探索。早在2012年,孟院士便牵头"深圳保障性住房标准化系列化研究",历时21个月,总结出了一套指导保障性住房设计的标准体系,同时对保障性住房的模块化工业化、BIM技术的应用及全过程成本控制等多方面总结了成果,奠定了深圳市装配式建筑发展的基本模式与技术路线。

(二)领军人才,树立行业楷模

为进一步表彰先进、树立楷模,凝聚行业创新、高质量发展的精神,不断促进技术水平与工程质量提升,深圳市建筑产业化协会面向深圳装配式建筑行业,举办"特区发展40年·行业领军40人"深圳市装配式建筑高质量发展领军人物公益评选活动。遵循"公开、公正、公平"的原则，历时 8 个月，经过公开征集、资料申报、资格预选、专家评选、评审公示、终审公布等规范过程后，行业领军 40 人名单正式发布，40 位领军人物包含政策推动者、道德模范精神引领者、创业不息的企业管理者、戮力创新的技术研究者、十余年坚守项目基层的默默建设者，都从不同角度对深圳装配式建筑发展做出了重要贡献与突出表率。40 人名单详见附录。

（三）市库专家，持续扩充提升

1. 行业专家择优入库

为进一步发挥专家队伍的技术指导作用，保障装配式建筑项目实施建设，深圳市住房和建设局早在 2015 年便开始组建一个专业性强、学术水平高、实践经验丰富的建筑工业化专家库，"十三五"期间，深圳市完成了一支 221 人的市装配式建筑专家队伍建设。

专家队伍在深圳市政策研究与编制、标准研究评审、技术认定服务、新技术和新工艺论证、重大科技项目选题论证等相关工作中深度参与，切实提高深圳市装配式建筑政策制定、技术咨询、项目落地等工作的科学性和前瞻性。

2. 年度专项能力测评

能力测评旨在持续提升深圳市装配式建筑专家队伍的能力水平，根据《深圳市装配式建筑专家管理办法》的有关要求，深圳市住房和建设局每年度持续对装配式建筑专家库专家开展能力测评工作，评估、提升专家整体能力。测评内容包括政策理解、评审认定、专业技术等方面，专业技术按照开发、设计、施工、钢结构、生产、装修、咨询、检测 8 个类别设置，深度评估考核专家的技术专业能力。

3. 专家履职与量化评优

根据《深圳市装配式建筑专家管理办法》的有关要求，结合实际情况以及专家报送的"2019 年服务情况统计表"对在库专家履职情况进行量化积分考核，重点考核专家专业能力、业绩水平、服务情况等。经量化打分、综合评判，首次认定 2019 年优秀装配式建筑专家，于 2020 年 6 月正式发布，详细名单见表 7-1。

表 7-1 2019 年深圳市装配式建筑优秀专家名单

序号	姓名	单位	职务
1	赵晓龙	深圳市华阳国际建筑产业化有限公司	副总经理、总工程师
2	刘丹	深圳市建筑科学研究院股份有限公司	副总建筑师
3	许丰	筑博设计股份有限公司	结构总工程师
4	李春田	中建科工集团有限公司	设计院副院长、总工
5	唐勇	深圳市华阳国际工程设计股份有限公司	副总经理
6	易新亮	有利华建筑产业化科技（深圳）有限公司	技术总监
7	费权	深圳市鹏建混凝土预制构件有限公司	总经理
8	朱清平	深圳市邦迪工程顾问有限公司	副总经理
9	谷明旺	深圳市现代营造科技有限公司	总经理
10	丁娟	深圳市慧泽丰建筑与环境工程技术有限公司	副经理

二、专业人才，形成长效机制

装配式建筑发展仍处于起步阶段，传统建造方式占据主导地位，传统技术人员向装配式建筑复合型人才转型难度较大，装配式建筑面临人才短缺已是行业共识，绝大多数企业、从业者普遍认为目前行业人才难以满足行业发展需要。对此，深圳市住房和建设局"十三五"期间持续举办深圳市装配式建筑系列培训，指导行业协会设立全国首个装配式建筑专业技术职称，逐步建立专业人才评价及多层次队伍培养机制。

（一）专业技术职称孵化机制

装配式建筑专业技术职称是在深圳市住房和建设局支持下，经深圳市人力资源和社会保障局同意，于 2017 年正式创设的专业技术资格，2017 年评审出全国首批初、中、高级装配式建筑工程师，2018年增设了正高级职称，填补了全国装配式建筑专业人才培养与评价的空白。大力推进装配式建筑专业技术职称评审工作，在国内率先创设的装配式建筑专业技术职称，评审出379名装配式建筑专业技术职称人员。

2017～2020年间，大力推进装配式建筑专业技术职称评审工作，申报装配式建筑专业技术资格职称人员近千名，受理517人，累计产生装配式建筑正高级工程师6名，高级工程师41名、中级工程师106名、助理级工程师188名、员级38名，累计培育装配式建筑专业技术人员379名（图7-1、表7-2）。

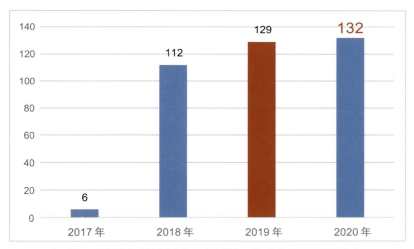

图7-1　深圳市各年度通过装配式建筑专业技术人员评审资格情况

表7-2　深圳市装配式建筑专业技术职称评审情况

序号	年度	申报人数	受理人数	通过人数
1	2017	18	10	6
2	2018	285	177	112
3	2019	312	156	129
4	2020	372	174	132
	合计	987	517	379

（二）技术人员常态培育机制

深圳已经初步建立装配式建筑中层技术人员培育机制，持续开展全行业政策宣贯和技术培训等系列化公益培训。由于 2020 年受疫情影响，不宜集中人员举办培训活动，对此深圳市装配式建筑技术人员培训全面革新，从线下集中培训调整为线上培训，并形成可供行业人员重复回看的培训视频。内容上形成四大系列公益培训，包括装配式建筑政策标准宣贯培训、装配式混凝土建筑常见问题防治指南培训、装配式建筑项目案例及技术应用培训等。"十三五"期间，深圳市共开设近百场专场培训，培训课程 150 个，培训人员达 5 万人次（表 7-3）。

表 7-3 "十三五"期间深圳市装配式建筑技术人员培训情况

序号	培训主题	课程数量	培训人次
1	2016 年度装配式建筑系列培训	23	2800
2	2016 年度标准宣贯培训	3	350
3	2017 年度装配式建筑系列培训	32	2260
4	2018 年度装配式建筑系列培训	25	2418
5	2019 年度装配式建筑系列培训	23	2400
6	2020 年度装配式建筑系列培训	23	22651
7	装配式混凝土建筑常见问题防治指南培训	8	15000
8	装配式建筑专业人员继续教育系列培训	9	2227
9	优秀装配式建筑项目技术和管理经验培训	4	1500
	合计	150	56606

三、发掘工匠，专项能力填白

（一）指导产业工人实训

新型建造方式提出新的技能要求，随之产生了一系列新的工种需求，装配式建筑的生产、安装等作业要求均已达到毫秒级的误差，传统的"农民工"缺乏系统的培训，无法发挥装配式建筑提质增效的优势，装配式建筑现场用工缺口问题日益突出。对此，深圳市住房和建设局指导深圳市建筑产业化协会，联合龙头企业建设装配式建筑实训基地，积极开展装配式建筑产业工人实训。截至 2020 年 12 月，已建成实训基地 7 个，分别为有利华、盛腾科技、现代营造、广胜达、华阳润阳、立得屋、中建科技深汕实训基地；其中，有利华、盛腾科技作为多工种综合实训基地，被深圳市住房和建设局授牌为"深圳市建筑工人实训基地"。工人实训数量方面，由于建筑工人的高流动性特点，市场主体对工人培训投入方面积极性不强，截至本书完稿开展 18 期实训班，考核合格产业工人达 500 余名。

（二）专项职业能力开发

紧抓"装配式建筑施工员"新职业的契机，深圳市建筑产业化协会在市人社局的支持指导下，开发了装配式建筑施工预制构件吊装专项职业能力，进一步推动产业工人培养训体系与社会实际需求相结合。通过专项职业能力，将加快推进装配式建筑施工员的职业化，为深圳市打造一批高素质的产业工人队伍。

（三）支持举办技能竞赛

"十三五"期间，深圳市住房和建设局通过主办、指导、组织行业协会举办了多场装配式建筑产业工人职业技能竞赛，进一步树立精益求精的敬业精神，选拔和培养装配式建筑高技能人才，促进建筑产业化转型升级和高质量发展。

2018～2020 年间，指导深圳市建筑产业化协会主办了三届"全国装配式建筑职业技能竞赛预赛——广东省赛区选拔赛"，选拔赛吸引了来自全省数十家单位、107 支参赛队伍、320 余位产业工人参赛，参与竞赛的深圳企业及产业工人队伍均斩获多项大奖。

2020 年 11 月，深圳市总工会、深圳市住房和建设局、深圳市人力资源和社会保障局联合举办的深圳市第十届职工技术创新运动会暨 2020 年深圳技能大赛——装配式建筑施工员、模具工技能竞赛在深圳海龙建筑科技有限公司构件厂圆满举办，这是装配式建筑新工种首次纳入深圳市职工运动会与职业技能竞赛，是积极响应市场需求与政策导向的充分体现。竞赛吸引了本地装配式建筑企业的 41 支参赛队伍、120 多名选手在技能竞赛上大展身手。经过为期两天激烈的角逐，最终产生了两大工种的竞赛综合成绩第一名的选手，将可获得由市总工会授予"深圳市五一劳动奖章"。通过技能竞赛的举办，进一步提升深圳市产业工人技能素质，营造尊重劳动、崇尚技能的社会氛围，弘扬"工匠精神"。技能大赛获奖名单详见附录。

四、公益活动，提升行业能力

（一）连续 16 年参展中国住博会

作为全国首批装配式建筑示范城市，深圳市已连续 16 次组织深圳企业组团参展"中国国际住宅产业暨建筑工业化产品与设备博览会"，旨在向国内外展示深圳装配式建筑的技术体系、部品工艺、成套技术、优秀设计方案等，一方面总结宣传深圳市装配式建筑发展相关工作成果，展示深圳形象；另一方面以此为契机，组织深圳企业组团学习借鉴国内外推行装配式建筑的成功经验。

（二）持续举办全行业示范观摩

示范观摩是行业发展呈现的重要窗口。"十三五"期间，深圳市住房和建设局联合龙头企业、示范项目持续举办装配式建筑行业示范观摩活动，住房和城乡建设部主办的"装配式建筑工程质量提升经验交流会"在深圳裕璟幸福家园项目现场召开；"全省发展装配式建筑推进工作现场会"在深圳华润城润府三期项目现场召开，深圳每年组织开展全市的装配式建筑项目行业观摩活动，参观交流了大疆天空之城、星河雅宝等多个行业示范项目，向全行业呈现深圳装配式建筑发展成果及示范经验。

（三）建筑工业化国际高峰论坛

自 2018 年起，深圳市住房和建设局指导深圳市建筑产业化协会持续主办了三届新型建筑工业化发展国际（深圳）高峰论坛暨精品展会，论坛为公益性质，以专家主题演讲为主，辅以深圳装配式建筑优秀企业精品展会，并创新开展总工俱乐部、研习社、专家门诊、示范工厂和示范项目参观等多种交流学习形式。住房和城乡建设部、广东省住房和城乡建设厅、深圳市住房和建设局等住建部门领导多次在论坛上发表演讲，吸引了来自全国50多个城市的各级领导、企业、行业专家以及行业同仁参加，累计参与论坛人数近7000人次。2020年举办的第三届高峰论坛得到人民日报专题报道，并获得了30多万的阅读量，已然成为粤港澳大湾区最具影响力的新型建筑工业化高峰论坛，受到行业同仁的高度关注与好评。

（四）"12306"行业常态活动

自2016年起，深圳市建筑产业化协会坚持推进"12306行动"，积极开展月度常态化会员考察、行业深度座谈、会员沙龙等多元化公益活动，为行业从业人员提供了一个全方位交流合作的平台。截至本书完稿，已实现行业公益服务近3万人次，体现了行业协会的"创新力"与"生命力"。

第八章　行业自治

深圳率先探索行政管理与行业自律管理并驱，首创多维度"补位"管理体系，建立建筑市场主体诚信机制，指导行业协会开展自治管理，填补行政管理的空白地带，做到"补位"而不"越位"，有力地促进了装配式建筑的健康发展。

一、联合宣言，助推高质量发展

2020年9月17日，深圳市建筑产业化协会会同装配式建筑产业技术创新联盟、上海市建设协会、天津市装配式建筑产业协会、江苏省建筑产业现代化创新联盟等来自全国近20个省市行业协会及产业联盟，在第三届新型建筑工业化发展国际（深圳）高峰论坛现场共同发布了《新型建筑工业化高质量发展联合宣言》，从贯彻"两提两减"、加快科技创新、加强人才培养等六大方面凝聚行业力量，吹响新型建筑工业化发展的冲锋号。

《联合宣言》由深圳市建筑产业化协会会同江苏省建筑产业现代化创新联盟等协会及联盟共同起草，旨在落实国务院办公厅、住房和城乡建设部等发展装配式建筑相关文件要求，促进新型建筑工业化的深度融合发展，进一步助推行业的高质量发展，增强我国建设行业的竞争力，切实提升人民群众获得感、幸福感、安全感。

二、行业公约，百家企业响应号召

2019年1月，深圳市建筑产业化协会在五届一次会员大会上，会长陆荣秀带领24位副会长共同登台代表协会发布《深圳市建筑产业化行业装配式建筑质量公约》，这是深圳市装配式建筑行业首份《质量公约》。来自装配式建筑行业全产业链的重点企业代表在会前共同签署《质量公约》，并用VCR的方式响应"质量"号召，约定共同提升装配式建筑工程质量、提升技术与管理创新、打造精品工程、塑造行业精神、书写"深圳质量"、助力行业高质量发展。通过发布《质量公约》，号召各单位主动践行公约内容，坚定提升质量的原则，自主约束和规范日常生产、建设行为，做好装配式建筑工程质量和安全建设，保障行业稳定、健康发展。

三、信用管理，推动市场主体评分

为营造公平竞争、诚信守法的市场环境，深圳市住房和建设局发布了《深圳市建筑市场主体信用管理办法》，将装配式建筑示范基地、装配式建筑示范项目列入加分项，强化对装配式建筑相关 EPC、预制构件生产等重点企业的投标违约、不当竞争、质量安全事故和行业投诉等不良行为的约束。在取消了预制构件部品企业资质的背景下，依托行业协会开展诚信评价工作，首创将预制构件生产企业纳入到诚信管理体系中，由行业协会加大对企业履约评价、工程业绩、行业奖项、建设科技、行业综评等良好信用的信息采集与审核。

四、星级评价，规范生产企业自律

为完善和规范预制混凝土构件生产企业的行业自律管理，进一步贴近市场需求与行业需要，深圳市住房和建设局指导行业协会实施行业星级评价，推进预制构件企业登记管理，做好产能供需对接工作；发挥星级评价工作的积极作用，引导预制部品部件生产企业强化管理、提升产品品质、提高核心竞争力，确保装配式建筑项目高质量发展。

"十三五"期间，深圳市建筑产业化协会持续开展预制构件企业登记管理及飞行检查等专项工作，分批次组织行业专家前往生产工厂、供应项目现场实地抽查，定期公布飞行检查情况通报，形成优良企业名单供行业参考。截至 2020 年 12 月底，已纳入协会登记管理企业 45 家，受理了申报高星级（三、四、五星级）评价企业共 20 余家，评审形成第一、二批预制混凝土构件生产单位星级企业有利华、深圳海龙、盛腾科技等 8 家，具体名单见表 8-1。

表 8-1　第二批预制混凝土构件生产单位星级企业名单

序号	星级	企业名称	生产地址
1	五星级	有利华建材（惠州）有限公司	惠州市惠阳区新圩镇红田村
2		深圳海龙建筑科技有限公司	深圳市龙华区观澜街道君子布兴发路 8 号
3		深圳市深汕特别合作区盛腾科技有限公司	广东省深圳市深汕特别合作区鹅埠镇建设西路盛腾科技工业园
4	四星级	东莞市润阳联合智造有限公司	东莞茶山镇超朗村超横路与生态园大道交会处旁
5		广东中建新型建筑构件有限公司	广东省东莞市企石镇东部工业园江南大道东
6	三星级	东莞市建安住宅工业有限公司	东莞市沙田镇杨公洲仁和小组 188 号
7		深圳市胜德建筑科技有限公司	东莞樟木头镇樟洋社区金洋路 89 号
8		广东建远建筑装配工业有限公司	广州市番禺区莲花山浮莲路 99 号

对于通过星级评价的生产企业，深圳市建筑产业化协会将颁发相应星级证书，予以行业表扬，并抄送至市、区建设主管部门及有关机构、协会理事单位等，并将在深圳市建筑市场主体信用信息管理平台中获得相应加分。

市建筑工务署、市人才安居集团、万科集团等在装配式建筑项目采购时要求全面、逐步采纳预制混凝土构件星级评价、飞行检查优良信息；同时，对质量管理体系不健全、检测手段不完善、生产质量不达标的企业进行"黑榜"通报，逐步推行清出制度。

五、评优评先，公益评选持续开展

为了进一步促进深圳市建筑产业化行业发展，表彰先进、树立楷模，不断促进行业管理水平、技术水平及工程质量提升，构建"凝心聚力、同促变革"的行业发展氛围，深圳市建筑产业化协会自2015年起开展行业评优评先评选工作，为公益评选活动，不收取任何费用。评选范围包括年度优秀企业、优秀个人（项目经理、厂长、研发工程师）、装配式建筑示范项目。

第九章　经验总结

近年来，深圳市坚持"两提两减"为总体目标、"一体两翼"为发展模式、"因地制宜"为技术理念，加强政府服务、重视队伍建设、确立企业地位、创新行业自治，以政策支持、标准建设、示范带动为发展重点，在夯实产业链基础、培育龙头企业、加大扶持力度、完善体制机制等方面持续发力，通过不断实践与探索，形成了独具特色的"深圳模式"。

一、循序渐进，坚持积极稳健的发展步调

在发展理念上，始终遵循"提高质量、提高效率，减少人工，节能减排"的原则，不搞大跃进、高指标，在各阶段核心政策和专项规划中一以贯之，做到稳中求进、稳中提质。在实施范围上，分阶段逐步推广，从政府投资项目到社会投资项目，从保障性住房到普通商品住房，从居住建筑再到公共建筑、工业建筑及市政基础设施逐步覆盖。在技术路线上，不追求预制率、装配率指标，在居住建筑中，大力推广装配式混凝土建筑，走预制现浇相结合的道路；在超高层建筑、大型公共建筑、学校建筑、医院建筑等类型中，鼓励采用装配式钢结构建筑。

二、市场主导，充分发挥企业的创新活力

坚持"政府搭台，企业唱戏"，每年由市政府率团参与中国住博会、绿博会等重要展会，举办国际高峰论坛，展示推广本土企业，打造装配式建筑"深圳品牌"。坚持依靠企业内生动力，推动技术创新，涌现了万科"5+2+X"、招商地产"828 快干工法"、中建科技 REMPC、中集集团模块化建筑等各具特点的装配式建筑建造体系。

三、因地制宜，率先构建全方位的评价体系

在发展初期缺乏国家评价标准、各地普遍追求高预制率的情况下，深圳市率先提出用预制率和装配率（两率）双指标评价方法，将现场工业化技术纳入装配率计算，该做法得到全国其他城市纷纷效仿。在扩面提质阶段，结合国

家评价标准发布《深圳市装配式建筑评分规则》，创造性地提出标准化设计、主体结构工程、围护墙和内隔墙、装修和机电、信息化应用五大技术评分项，实现从主体结构装配化，向机电设备、装饰装修装配化的全面延伸，再次凸显了装配式建筑发展的初衷。

四、管理创新，率先探索适宜的建设管理模式

在传统模式难以适应装配式建筑设计施工一体化特点的情况下，深圳市率先探索应用代建制（代建总承包）、EPC 工程总承包、全过程咨询等建设组织模式，解决碎片式、割裂式的管理问题。制定了 EPC 工程总承包招标工作指导规则和合同范本，实行能力认可，突破资质限制，支持开发企业作为总承包单位，充分发挥其统筹管理优势，打通建造全过程各环节，并在龙悦居三期项目、裕璟幸福家园项目和长圳项目中成功应用。

五、过程把控，率先建立关键节点把控的实施流程

规划用地环节，规土部门在用地规划许可证中备注实施装配式建筑的要求，并通过政务数据平台与住建部门实现信息共享，确保源头落实。初步设计环节，组织专家对项目进行装配式建筑技术认定或评分，确保实施方案合规、合理。施工图设计环节，组织专家对项目装配式建筑技术落实情况、设计深度等进行抽查，确保设计质量。施工环节，组织专家在项目首个标准层吊装等重要节点到现场进行技术指导、答疑解惑，实现政府监管与公益服务有机结合。

六、部门联动，率先探索政府协同的工作机制

坚持市直部门横向联动。由深圳市住房和建设局牵头，联合深圳市发展和改革委员会、深圳市规划和自然资源局、深圳市财政局等部门，明确装配式建筑实施范围，对社会投资项目落实面积奖励或资金扶持政策，将政府投资项目增量成本落实到工程概算中，联合交通、水务及城管部门，在市政基础设

施建设领域推广应用装配式建筑技术。坚持市、区两级纵向联动。通过建立市、区装配式建筑工作联席会议制度和季报制度，定期交流部署全市工作；通过将装配式建筑纳入政府考核指标体系，加强考核督办；通过全市装配式建筑项目管理与服务平台，实现市、区住建部门对项目的全过程跟踪管理。

七、人才导向，首创专业人才评价及多层次队伍培养机制

首创装配式建筑专业技术职称。面向建设、设计、施工、生产等全产业链技术人才，开展初级（员级、助理级）、中级和高级（副高级、正高级）职称评审，解决装配式建筑技术人员无职称可评的困境，填补了全国空白，增强行业对高端人才的吸引力，获得住房和城乡建设部的高度评价。率先创设装配式建筑多工种、系列化工人实训。通过"政府指导、协会管理、企业落地"模式，建设实训基地，设立十大工种，开展工人实训，推动持证上岗，探索将关键工种纳入"特种作业人员"试点工作。

八、行业自治，首创多维度"补位"管理体系

发挥行业协会作用，首创预制混凝土生产企业星级评价机制，从登记管理、飞行检查、能力评价等方面，探索取消资质后的市场规范管理模式；率先发布装配式建筑定额标准与关键部品价格信息，为行业提供计价依据；首创将预制构件生产企业纳入建筑市场主体信用管理体系，将建设装配式建筑产业基地、示范项目等列入诚信加分，强化行业综合评价，规范建筑市场主体行为。

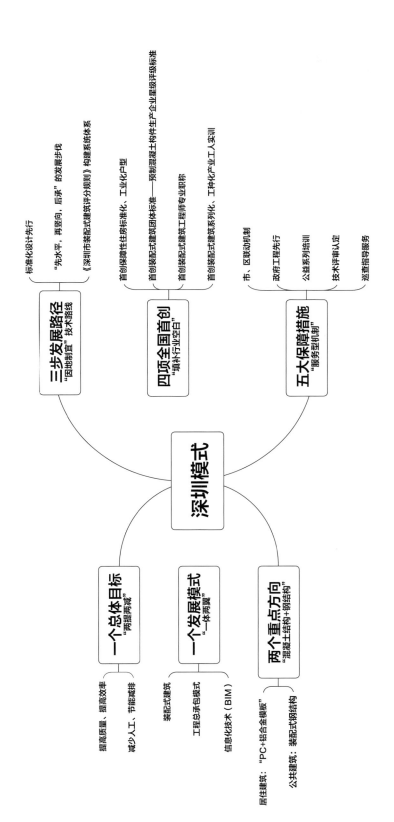

第十章　综合效益

随着深圳市装配式建筑的持续发展，经济、环境、社会等方面的综合效益不断显现。通过带动一批新产业，催生了新的经济增长点，为行业带来发展新动能；通过取消免抹灰、免砌筑等作业，减少了二氧化碳排放，成为建设行业实现"碳中和、碳达峰"目标的重要路径；通过构建全新的职业通道，提高了从业人员的归属感；通过提高建筑产品质量，大幅减少了外墙渗漏等质量通病，提高了市民的居住满意度。由此，"深圳模式"不断释放出强劲的对外辐射效应，引领全国装配式建筑发展。

一、经济效益

建设行业是国民经济社会发展的支柱性产业，具有关联度大、产业链长、集成度高等特点。《中共中央关于制定国民经济和社会发展第十四个五年规划和二〇三五年远景目标的建议》中明确提出经济结构更加优化，创新能力显著提升，产业基础高级化、产业链现代化水平明显提高。打造新兴产业链，推动传统产业高端化、智能化、绿色化。

（一）激发经济新增长点

（1）**催生了新产业**。装配式建筑作为新型建造方式，推动传统建筑产业向精细化、工业化发展，催生了丰富多样的预制部品部件、装配式装修、数字化设计、建筑机器人、智能装配设备等一批新兴产业，直接带动了固定投资、工作就业等效益，形成了新动能。

（2）**引领了新布局**。装配式建筑作为建筑工业化的代表，推动了建设行业与信息业的融合发展，促进了资源重置和产业新布局，引领了建设产业链的整体升级与深度转型。如招商地产、中建科技、中建科工等建设企业与腾讯、华为等信息技术企业在智能建造、建筑产业互联网等领域开展跨界合作与应用。同时，建筑行业产业链不断迈向纵深发展，开发企业积极承接 EPC 工程总承包业务、设计单位向全产业链型企业转型、施工单位整合预制构件生产领域等，华阳国际设计集团也已成立了润阳联合智造公司、城市科技公司，开始多元化战略布局。

（3）**推动了创新发展**。装配式建筑相关上市公司与高新科技企业聚集效益明显，企业研发经费投入持续增长。从实际研发经费与生产总值之比来看，深圳市代表性装配式建筑企业指数（3~7）是建筑业平均指数（0.7）的 4~10 倍。2020 年，深圳市建筑业总产值完成 5233 亿元，增加值 1116 亿元，其中也包括了装配式建筑带来的增加值。

（二）建设效益逐步呈现

（1）**建设阶段方面**。装配式建筑建设过程中大幅度减少了砌筑抹灰工程量、木模板、钢管脚手架用量以及相应工种工人的用工量，但总体而言，在深圳普遍采用的装配式建筑技术体系下，项目建安成本总体增加约 300 元 /m^2。据万科集团内部数据显示，主要体现为铝合金模板成本增加约 11 元 /m^2，附着式升降脚手架成本增加约 40 元 /m^2，预制内隔墙成本增加约 4 元 /m^2，预制混凝土构件成本增加约 136 元 /m^2，内隔墙保温板成本增加约 40 元 /m^2，塔式起重机费用增加约 23 元 /m^2。

根据市人才安居集团项目建设情况显示：采用 EPC 建设模式的装配式建筑项目，通过标准化设计有效减少前端设计成本和建设期的变更成本，设计周期可缩短 20%。此外，按照哈工大深圳校区扩建工程项目 100 m 住宅实际测算，主体结构工程采用装配式建筑施工工艺，实现各专业穿插施工，配合使用工具式模板、附着式升降脚手架、轻质隔墙板、全装修等工艺，节省室内抹灰、二次砌筑、外架拆除等工序，同时室外园林工程前置，建设项目总工期缩短 2~3 个月，有效缓解了建设各方的资金压力。

（2）**项目运维阶段**。装配式建筑可大幅度提升房屋品质，大范围减少渗漏、裂缝等问题，提升客户满意度，节约后期维修成本。据调查，万科龙岗水径某项目交付后外墙渗漏问题为零，装配式建筑可降低后续维护费用 95% 左右。据深圳市某大型房企数据显示：2013~2018 年间客户对于住宅项目的满意度由 2013 年的 80% 上升到了 2018 年的 89%，项目的渗漏率由 2014 年的 2.3% 下降到了 2017 年的 0.9%。

总体来说，现阶段装配式建筑的建安成本仍偏高，但随着装配式建筑产业的逐步健全及项目的规模化实施，近年来装配式建筑项目的建安成本呈逐年下降的趋势。同时由于后期运营维护成本的减量优势，未来装配式建筑的发展潜力巨大。

二、环境效益

国家"十三五"规划纲要提出，必须牢固树立和贯彻落实创新、协调、绿色、开放、共享的新发展理念。建设行业是三大高能耗行业之一，必须践行绿色发展之路。《中共中央关于制定国民经济和社会发展第十四个五年规划和二〇三五年远景目标的建议》中明确提出广泛形成绿色生产生活方式，碳排放达峰后稳中有降，生态环境根本好转，美丽中国建设目标基本实现；完善环境保护、节能减排约束性指标管理。

（一）资源节约实现可持续

与传统建造方式不同，装配式建筑目标是使建筑从设计、生产、运输、建造、运维使用整个建筑生命周期中实现对环境的影响最小，资源效率最高，使得建筑的构件体系朝着安全、环保、节能和可持续发展方向发展。

根据深圳市某装配式混凝土建筑项目实施能耗数据与传统项目对比，装配式建筑可在以下方面实现节能环保：一是节约用电，装配式建筑采用预制部品部件，减少了建筑材料的现场吊装和运输，按建筑面积 10 万 m^2 的住宅项目测算，装配式建筑项目施工阶段电能消耗可节约 12% ~ 18%，减少用电量约 19200 度 / 万 m^2。二是节约用水，装配式建筑的主体结构工程、围护墙和内隔墙预制构件的使用，减少了混凝土养护用水及现场抹灰、内隔墙砌筑等湿作业工程，按建筑面积 10 万 m^2 的住宅项目测算，装配式建筑项目施工用水可节约 13% ~ 20%，节约用水量约 730m^3/ 万 m^2。三是减少木材使用量，装配式建筑采用铝合金模板施工工艺，减少传统建筑中木模板的使用，按建筑面积 10 万 m^2 的住宅项目测算，装配式建筑项目标准层可节约木材用量 24m^3/ 万 m^2。

（二）节能减排助推碳中和

节能减排是当前我国实现碳中和目标的最重要、最经济的手段。装配式建筑作为新型建造方式，在建筑垃圾排放、材料节约和废气排放方面具备优势。一是减少建筑垃圾排放量，装配式建筑的标准化设计、构件工厂化生产，减少施工现场的切割、砌筑，减少材料浪费和垃圾排放，据统计装配式建筑的垃圾排放量为 178t/ 万 m^2，可减少垃圾排放 122t/ 万 m^2，按 "十三五" 期间深圳市装配式建筑项目量测算，累计减少垃圾排放量约 42 万 t〔根据《住房和城乡建设部关于推进建筑垃圾减量化的指导意见》（建质〔2020〕46号）的要求，不包括工程渣土、工程泥浆，新建建筑施工现场建筑垃圾排放量每万 m^2 不高于 300t，装配式建筑施工现场建筑垃圾排放量每万 m^2 不高于 200t〕。二是减少二氧化碳排放量，"十三五" 期间，深圳市装配式建筑项目累计节约用电约 6720 万度，减少消耗标准煤约 2.15 万 t，减少二氧化碳排放量约 5.73 万 t；累计减少木材用量约 8.38 万 m^3，可减少森林砍伐面积 2795 亩，吸收二氧化碳量 6.74 万 t/ 年。

三、社会效益

（一）提高工人职业荣誉感

在大量减少施工现场的劳动力，在我国人口老龄化、人口红利减少的大环境下，装配式建筑更符合建设行业绿色健康、可持续发展的需求。

（1）**生产作业环境更舒适**。装配式建筑改变了生产方式，提高了施工的机械化程度，作业环境更安全；将部分现场作业工作转移到工厂完成，传统建筑高空作业转移到工厂进行，提升了施工效率、改善了劳动环境、降低了劳动强度，为从业人员创造了更安全、更体面的作业环境。

（2）**职业晋升通道更顺畅**。2017 年深圳市率先创设装配式建筑专业技术职称，填补了全国装配式建筑专业人才培养与评价的空白；2020 年，装配式建筑施工员成了人力资源和社会保障部新职业之一，深圳市实训基地与培训、考核体系建设，逐步打通产业工人职业通道，进一步提升了建设领域技能人才的社会认同度。

（3）**职业价值进一步体现。**根据行业调研显示，目前深圳市装配式建筑产业工人总体月薪酬在 8000 元～20000 元区间，远高于传统作业工人平均薪酬，部分关键工种平均薪酬超过深圳市平均工资水平；从职业稳定性来看，抽样调查中约 65% 的装配式建筑产业工人没有更换过所在的劳务或专业作业公司，对装配式建筑施工简便、效率高、安全可靠、劳动时间相对固定、薪酬待遇相对较高等满意度较高（图 10-1、图 10-2）。

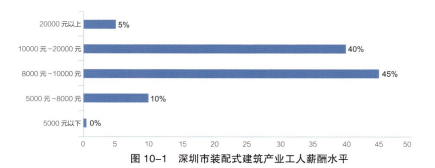

图 10-1　深圳市装配式建筑产业工人薪酬水平

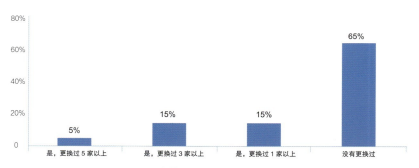

图 10-2　深圳市装配式建筑产业工人单位流动情况

（二）提升市民居住满意度

传统工程建造方式，施工过程噪声大、污染高、垃圾多、环境差等问题难以解决，直接影响周边居住环境，近年来工地施工扰民的投诉问题更是日益激增。

装配式建筑作为新型建造方式是绿色、环保、低碳、节能型建筑，施工所用结构构件为提前预制，只需在施工现场组装，大大减少了噪声、粉尘等污染。装配式建筑由干式作业取代了湿式作业，减少现场施工的作业量和污染排放量，最大程度地减少了对周边环境的污染，较好解决了施工扰民这一社会问题。

（1）**建设环境污染减少。**装配式建筑作为新型建造方式，主体结构、围护结构采用预制部品部件，为工厂化生产、施工现场组装，大大减少了噪声、粉尘等污染，很大程度地减少了项目建设对周边环境的污染。

（2）**建筑产品质量提高。**装配式建筑可有效提高产品精度，通过大量使用集成部品产品、管道分离技术等应用，系统性解决工程质量通病，极大地方便了后期维修、更换、改造、升级，有助于延长房屋使用寿命，提升建筑产品质量、健康性能及舒适度，更可持续、更有保障。

（3）**有效减少居民投诉。**在龙悦居项目居民的随机调研中，在居住感受体验上反响较好，评价满意度达到了 98% 以上，特别是在外墙渗漏、墙体空鼓开裂、室内隔声隔热等方面投诉基本为零。同时装配式建筑全面实施全装修，可有效避免装修阶段的邻里纠纷，持续提升居民幸福感、获得感、安全感。

四、辐射效益

在示范城市建设过程中，深圳市进一步发展、凝聚、总结形成了装配式建筑独具特色的"深圳模式"，在粤港澳大湾区、广东省乃至全国多个城市得到复制推广，受到住房和城乡建设部的高度肯定。

（一）政策复制，深圳模式引领湾区

已陆续出台《关于加快推进装配式建筑的通知》等 15 个重磅政策文件，构建了刚性约束与鼓励激励并举的政策体系，其中，已出台的政策的发展做法、技术认定、项目评价、监管理念、激励措施、保障手段等内容在粤港澳大湾

区乃至全国多个城市得到全面复制。如《深圳市住宅产业化项目单体建筑预制率和装配率计算细则（试行）》明确的"两率"指标及计算方法，《深圳市装配式建筑评分规则》明确装配式建筑系统评分；《关于装配式建筑项目设计阶段技术认定工作的通知》《关于做好装配式建筑项目实施有关工作的通知》提出的项目设计阶段技术认定等工作机制，以及政府项目先行、新出让地块100%实施装配式建筑、3%建筑面积奖励、三分之一提前预售等措施受到多个城市地区的参考借鉴。北京、上海、山东、江苏、福建等国内数十个城市主管部门及行业协会、龙头企业纷纷组团来深调研，装配式建筑的"深圳模式"示范引领作用取得显著成效。

（二）标准输出，星级标准全国推广

近年来，深圳市大力推进标准化改革工作，鼓励、支持行业协会、龙头企业，积极探索团体标准、企业标准的编制、发布、管理等工作，特别是增强团体标准的有效供给，满足市场与行业的发展需求。截至2020年12月，已正式发布了《建筑工程铝合金模板技术应用规程》等14部地方和团体标准，基本涵盖了装配式建筑设计、生产、建造、验收，《预制混凝土构件生产企业星级评定标准》《预制混凝土构件产品标识标准》等多部团体标准得到多个城市及相关企业项目参考与直接应用。

其中，由深圳市住房和建设局指导、深圳市建筑产业化协会主编的团体标准《预制混凝土构件生产企业星级评定标准》SZTT/BIAS 1-2017辐射效益最为显著，该标准于2018年列入住房和城乡建设部科学技术项目计划；2019年被列入中国工程建设标准化协会的CECS标准制定计划，将于2021年完成修订后在全国范围内推广应用。国家装配式建筑产业技术创新联盟在第八届工作会议暨装配式建筑技术交流会上，明确将在东北地区、天津市、江苏省等首批地区开展星级评价工作，实现深圳市装配式建筑标准正式开启全国性经验输出。

（三）产业带动，优质企业引领带动

装配式建筑作为新型建造方式，促进了资源重置、形成了全新布局、引领了

建设产业产业链的整体升级与深度转型。近年来，深圳培育了一批活力十足、高新技术企业高度聚集的装配式建筑产业链，覆盖开发、设计、施工、生产、咨询、监理等各个环节。同时，产业链不断向纵深发展，开发企业积极承接EPC 工程总承包业务、设计单位向全产业链型企业转型、施工单位整合预制构件生产领域等，纷纷探索装配式建筑行业转型升级、建设发展的新路径，带动产业链转型升级。此外，"装配式+"还不断催生新配套、新产业、跨界融合新发展等，一大批本土企业快速聚集装配式建筑发展核心竞争力，积极拓展市场渠道，走向内地市场特别是二三线城市的示范辐射，也有海外市场的辐射，"走出去"竞技世界舞台，充分发挥示范引领作用。

万科集团在全国 65 个主要城市的装配式建筑面积累计突破 1 亿 m^2，稳居全国第一；中建科工在江苏、湖北、四川、天津等地，投资设立了五大现代化的钢结构制造基地，年产能超过 120 万 t，还在巴布亚新几内亚参与了"一带一路"的学校建设战略工程；中建科技等企业积极参与雄安新区等重点项目建设任务；中集集团用模块化建筑向全球输出"中国制造"，在国外已完成 100 多个酒店、公寓项目，承建了香港首个永久性模块化建筑项目；华南建材船用整体卫浴随远洋船舶走遍全世界，辐射海外市场达到 43 个国家，产品和服务已经得到了欧、美、日、新加坡和东南亚客户的广泛认可，品牌美誉度稳居亚洲首位。通过装配式建筑抓手，深圳有望打造一批建设行业的华为、腾讯。

（四）人才辐射，专业力量全面输出

专家队伍输出方面，由于深圳市装配式建筑起步较早，自 2015 年起组建"深圳市装配式建筑专家库"，为深圳市装配式建筑行业发展贡献专业力量。随着近年来全国装配式建筑发展的热潮，深圳专家在全国范围也是贡献突出。其中，多名专家入选住房和城乡建设部国家住宅产业化基地技术创新联盟、科学技术委员会绿色建造专业委员会的副主任委员及专家；广东省范围内，深圳市专家力量积极输出至广州、珠海、佛山、惠州等城市，参与当地的政策制定、标准编制、技术研究等工作，部分城市在征集装配式建筑专家入库申请时，对深圳市装配式建筑专家的申报予以直接通过。

2019 年，珠海市建筑业协会表彰了一批装配式建筑突出贡献的专家，其中深圳市专家占比突出；同时，赠送深圳市住房和建设局、深圳市建筑产业化协会锦旗，对深圳市给予珠海市装配式建筑建设发展的"鼎力相助"表示感谢。

产业工人输出方面，由深圳市住房和建设局指导、深圳市建筑产业化协会联合龙头企业建成了一批装配式建筑产业工人实训基地，吸引了粤港澳大湾区乃至多个省市产业工人参加实操学习。珠海市组织全市装配式建筑项目产业工人参加深圳市产业工人实训，江苏、江西、福建、湖南等省份企业组织产业工人来深"修炼"。此外，装配式建筑产业工人实训更是通过"对口帮扶"延伸至广西百色、河池等地区，体现了良好的辐射效应与社会责任。

结 语

随着不平凡的 2020 年落下帷幕，深圳经济特区"40 而立"，波澜壮阔的"十三五"画上了圆满的句号。面对"双区建设"的全新使命，以装配式建筑为代表的新型建筑工业化迈入规模化、快速稳健的发展阶段，建造水平和建筑品质不断提高，深圳市装配式建筑示范城市建设起步阶段顺利收官，深圳圆满、提前、超额完成了国家、省级示范的阶段任务目标。

勇立潮头创佳绩，砥砺奋进开新局。

2021 年，更加光辉的"十四五"规划已然开局。新的发展目标已扬帆起航，面对新征程，我们期望，新时期行业继续务实共进，着力做好以下工作：一是制定发布新型建筑工业化"十四五"政策，全面加速推进全市以装配式建筑为代表的新型建筑工业化发展，明确阶段性工作目标和重点任务。二是强化政策创新与机制完善，做好中长期规划，研究适应新形势下的容积率豁免、绿色金融等多元激励机制，提升施工环保标准等"倒逼"机制，积极探索和完善装配式建筑套内面积计算规则，推行全过程工程咨询，推动基于 BIM 应用的审批监管、部品部件全过程质量追溯、装配式装修质量监督与验收等。三是强化技术路线与标准提升，加强标准化、系统化集成设计，提升设计水平，构建标准化部品库，逐步降低构件和部件生产成本；积极推进装配化装修，提高装修品质，降低运行维护成本；加强新型建筑工业化标准体系建设，大力培育团体标准、强化企业标准，促进标准国际化水平，构建高质量的"深圳标准"体系。四是强化科技攻关与创新引领，将新型建筑工业化作为建设行业科技体系的重要组成部分，加快研究信息化在建造全过程的关键技术，开展建筑机器人、智能物流管理等科技攻关，打造少人甚至"无人工厂"，在材料配送、钢筋加工、高空焊接等现场施工环节实现"机器代人"。五是强化产业发展与能力提升，完善高端建筑制造体系，孵化具有国际竞争力的"深圳建造品牌"；开展专业能力提升行动，以"工业化思维"为导向，打造一批高层次人才孵化平台，培养一批领军人才、专业职称人才、专业管理人员，培育一支新型产业工人队伍，支持校协企共建装配式建筑现代产业学院，开展特色办学。六是发挥行业自律管理的积极作用，支持开展预制部品部件企业星级评价等系列工作，研究对评价结果的认可、采纳、应用等，支持政府投资项目采用高星级企业生产的部品部件。

我们展望，下一个五年，深圳新型建筑工业化、信息化、智能化技术将得到广泛应用，工程质量和建筑品质总体水平显著提升，建设过程污染排放大幅下降，建筑能耗显著下降，建设行业产值持续加速增长，建筑产品更绿色宜居，为全国创造可复制、可推广的新型建筑工业化发展创新经验，有力支撑城市建设高质量发展。

只争朝夕，不负韶华。深圳建设行业将深入贯彻落实习近平总书记在深圳经济特区建立40周年庆祝大会上的重要讲话精神，紧紧抓住"双区建设"历史机遇，瞄准世界先进城市，实施全球标杆城市建设示范工程，推动深圳市新型建筑工业化发展不断迈上新台阶，为建设事业高质量发展奠定坚实基础，努力创建社会主义现代化强国的城市范例，续写更多"春天的故事"。

附 录

附录 1: 深圳获批装配式建筑产业基地企业名单

一、深圳获批国家级装配式建筑产业基地名单

序号	称号	获批企业
1	首批国家级装配式建筑产业示范基地	万科企业股份有限公司
2		深圳市华阳国际工程设计股份有限公司
3		中建国际投资（中国）有限公司
4		中建科技集团有限公司
5		中建科工集团有限公司
6		深圳市嘉达高科产业发展有限公司
7		深圳市鹏城建筑集团有限公司
8		深圳华森建筑与工程设计顾问有限公司
9		筑博设计股份有限公司
10	第二批国家级装配式建筑产业示范基地	香港华艺设计顾问（深圳）有限公司
11		深圳市广胜达建设有限公司
12		深圳市建筑科学研究院股份有限公司
13		深圳金鑫绿建股份有限公司

二、深圳获批省级装配式建筑产业基地名单

序号	称号	获批企业
1	广东省第一批装配式建筑产业示范基地	深汕特别合作区盛腾科技工业园有限公司
2		深圳金鑫绿建股份有限公司
3		中建科技（深汕特别合作区）有限公司
4		有利华建筑产业化科技（深圳）有限公司
5		深圳市天华建筑设计有限公司
6		香港华艺设计顾问（深圳）有限公司
7		深圳市建筑科学研究院股份有限公司
8		深圳市广胜达建设有限公司
9		深圳市建研检测有限公司
10		万科企业股份有限公司
11		深圳市华阳国际工程设计股份有限公司
12		中建国际投资（中国）有限公司

续表

序号	称号	获批企业
13	广东省第一批装配式建筑产业示范基地	中建科技集团有限公司
14		中建科工集团有限公司
15		深圳市嘉达高科产业发展有限公司
16		深圳市鹏城建筑集团有限公司
17		深圳华森建筑与工程设计顾问有限公司
18		筑博设计股份有限公司
19	广东省第二批装配式建筑产业示范基地	华南建材（深圳）有限公司
20		中国国际海运集装箱（集团）股份有限公司
21		中建科技（深汕特别合作区）有限公司
22		深圳市现代营造科技有限公司
23		深圳市天健（集团）股份有限公司
24		深圳壹创国际设计股份有限公司
25		中国华西企业有限公司
26	广东省第三批装配式建筑产业示范基地	深圳汇林达科技有限公司
27		深圳雅鑫建筑钢结构工程有限公司
28		深圳嘉力达节能科技有限公司
29		深圳时代装饰股份有限公司
30		深圳广田集团股份有限公司

三、深圳获批市级装配式建筑产业基地名单

序号	称号	获批企业
1	深圳市装配式建筑产业示范基地	深圳市天健（集团）股份有限公司
2		深圳市市政设计研究院有限公司
3		中国华西企业有限公司
4		深圳时代装饰股份有限公司
5		深圳市高新建混凝土有限公司
6		华南建材（深圳）有限公司
7		深圳嘉力达节能科技有限公司
8		深圳汇林达科技有限公司
9		深圳市现代营造科技有限公司
10		中国国际海运集装箱（集团）股份有限公司

附录 2：深圳获批装配式建筑范例、示范项目名单

序号	项目名称	级别
1	汉京金融中心	住建部 AA 级范例项目
2	中建钢构大厦	
3	坪山高新区综合服务中心（1号、2号楼）	
4	盛腾科技工业园 A 期 PC 构件厂房	住建部 A 级范例项目
5	大磡福丽农场加固改造（深圳大磡小学）项目	
6	裕璟幸福家园 1 号、2 号楼	
7	裕璟幸福家园（1号～3号楼）	广东省第一批示范项目
8	库马克大厦	
9	大磡福丽农场加固改造（1号教学楼、2号综合楼、3号教学楼、4号后勤综合楼、5号设备房）	
10	华西建筑工业园（2号～4号楼）	
11	中建钢构大厦	
12	坪山高新区综合服务中心（1号、2号楼）	
13	华润城润府三期（5号、6号楼）	
14	汉京金融中心	广东省第二批示范项目
15	深圳市公安局第三代指挥中心	
16	实验学校南校区二期（2号、3号）	
17	坪山区竹坑学校（2号、3号、4号）	
18	宝荷欣苑 G 02113-0040 宗地	广东省第三批示范项目
19	深圳市长圳公共住房及其附属工程总承包	

附录 3："深圳特区 40 年，行业领军 40 人"
——深圳装配式建筑高质量发展领军人物

序号	姓名	单位	职务
1	王 蕴	万科企业股份有限公司	集团合伙人
2	龙玉峰	深圳市华阳国际工程设计股份有限公司	副总裁
3	申振威	有利华建筑产业化科技（深圳）有限公司	董事长
4	曲 胜	深圳时代装饰股份有限公司	常务副总裁

续表

序号	姓名	单位	职务
5	朱清平	深圳市邦迪工程顾问有限公司	副总经理
6	刘丹	深圳市建筑科学研究院股份有限公司	副总建筑师
7	刘健	中国建筑科学研究院有限公司深圳分公司	总工程师
8	刘洪海	中建三局第一建设工程有限责任公司	深圳分公司 副总经理
9	江建	深圳市天健（集团）股份有限公司	总工程师
10	许丰	筑博设计股份有限公司	结构总工程师
11	孙占琦	中建装配式设计研究院	副总经理 总工程师
12	孙志东	深圳市龙岗区建设工程质量安全监督站	高级工程师
13	李世钟	深圳市鹏城建筑集团有限公司	常务副总裁
14	杨松	深圳市广胜达建设有限公司	董事长
15	杨晋	筑博设计股份有限公司	高级副总裁
16	杨广海	中建四局第五建筑工程有限公司	副总经理
17	岑岩	深圳市建筑科技促进中心	主任
18	谷明旺	深圳市现代营造科技有限公司	总经理
19	汪嫄全	广东中建新型建筑构件有限公司	执行总经理
20	张枫	深圳金鑫绿建股份有限公司	董事长
21	张仲华	中建科技集团有限公司	总经理
22	张迪云	湖南建工集团有限公司深圳分公司	副总经理
23	张宗军	广东海龙建筑科技有限公司	总经理
24	张鸿斌	招商局蛇口工业区控股股份有限公司	产业化副所长
25	陆建新	中建科工集团有限公司	华南大区 总工程师
26	陆荣秀	深圳市万科城市建设管理有限公司	总经理
27	范昌斌	深圳泛华工程集团有限公司	总监
28	林俊天	深圳汇林达科技有限公司	董事长
29	易新亮	有利华建筑产业化科技（深圳）有限公司	技术总监
30	练贤荣	深圳华森建筑与工程设计顾问有限公司	装配式建筑工程 中心总经理
31	赵晓龙	深圳市华阳国际建筑产业化公司	副总经理

续表

序号	姓名	单位	职务
32	饶少华	深圳市人才安居集团有限公司	工程管理部与规划设计部部长
33	高辉	深圳市工务署土地开发中心	主任
34	唐勇	深圳市华阳国际工程设计股份有限公司	副总经理
35	唐大为	深圳市建筑设计研究总院有限公司	装配式建筑工程研究院院长
36	唐正军	深圳华筑人居科技有限公司	董事长
37	韩良君	深圳市深汕特别合作区盛腾科技有限公司	总经理
38	谭宇昂	万科企业股份有限公司	建筑研究与工程采购中心首席合伙人
39	樊则森	中建科技集团有限公司	总建筑师
40	戴立先	中建科工集团有限公司	总经理

附录4：2020年深圳技能大赛
——装配式建筑施工员、模具工竞赛获奖名单

一、2020年深圳技能大赛——装配式建筑施工员获奖情况

姓名	单位	获奖情况
刘双华	深圳市盛安绿色建设科技有限公司	个人一等奖
欧阳高武	中国建筑第五工程局有限公司深圳分公司	
刘博	深圳市盛安绿色建设科技有限公司	
吴建	深圳市盛安绿色建设科技有限公司	个人二等奖
许涛	贵阳其刚建筑工程劳务有限公司	
郭怀禄	贵阳其刚建筑工程劳务有限公司	
占克贵	中国建筑第五工程局有限公司深圳分公司	
胡爱兵	中国建筑第五工程局有限公司深圳分公司	
伍兴辉	深圳市深汕特别合作区盛腾科技有限公司	

续表

姓名	单位	获奖情况
吴 平	深圳市现代营造科技有限公司	个人三等奖
杨海锋	深圳市深汕特别合作区盛腾科技有限公司	
鲜劲松	深圳市宏源建设工程有限公司	
汤 帅	深圳市现代营造科技有限公司	
罗剑鹏	深圳市现代营造科技有限公司	
陈郅颖	深圳市宏源建设工程有限公司	
文 平	贵阳其刚建筑工程劳务有限公司	
曾礼李	深圳市现代营造科技有限公司	
刘 晓	中海建筑有限公司	

二、2020 年深圳技能大赛——装配式建筑模具工获奖情况

姓名	单位	获奖情况
王正富	广东中建新型建筑构件有限公司	个人一等奖
罗育展	深圳华泰盛工程建设有限公司	
张利业	深圳华泰盛工程建设有限公司	
温 伟	深圳华泰盛工程建设有限公司	个人二等奖
彭兆刚	广东中建新型建筑构件有限公司	
管玉飞	广东中建新型建筑构件有限公司	
李晶晶	深圳海龙建筑科技有限公司	
庄长磊	深圳海龙建筑科技有限公司	
钟晓东	深圳市深汕特别合作区盛腾科技有限公司	
何万红	中建科技（深汕特别合作区）有限公司	个人三等奖
刘业平	深圳海龙建筑科技有限公司	
龙晓红	中建科技（深汕特别合作区）有限公司	
罗 国	中建科技（深汕特别合作区）有限公司	
孙正位	深圳海龙建筑科技有限公司	
王建明	深圳海龙建筑科技有限公司	
梁俊杰	深圳市深汕特别合作区盛腾科技有限公司	
陈正勇	广东中建新型建筑构件有限公司	
邱旭明	深圳市深汕特别合作区盛腾科技有限公司	

图书在版编目（CIP）数据

"十三五"深圳市装配式建筑发展报告 = Development Report of Shenzhen Building Industrialization during the 13th Five-year Plan / 深圳市建筑产业化协会主编. -- 北京：中国建筑工业出版社，2022.2

ISBN 978-7-112-27100-9

Ⅰ.①十… Ⅱ.①深… Ⅲ.①装配式构件—建筑企业—企业发展—研究报告—深圳—2016-2020 Ⅳ.①F426.91

中国版本图书馆CIP数据核字(2022)第023332号

责任编辑：戴 静 陈夕涛 边 琨
责任校对：张 颖

"十三五"深圳市装配式建筑发展报告
Development Report of Shenzhen Building Industrialization during the 13th Five-year Plan

指导单位 深圳市住房和建设局
主编单位 深圳市建筑产业化协会

*

中国建筑工业出版社出版、发行（北京海淀三里河路9号）
各地新华书店、建筑书店经销
北京中科印刷有限公司印刷

*

开本：850毫米×1168毫米 1/16 印张：7¾ 字数：127千字
2022年3月第一版 2022年3月第一次印刷
定价：70.00元
ISBN 978-7-112-27100-9
(38802)

版权所有 翻印必究
如有印装质量问题，可寄本社图书出版中心退换
（邮政编码 100037）